Anonymous

Poemander oder von der göttlichen Macht und Weisheit

Anonymous

Poemander oder von der göttlichen Macht und Weisheit

ISBN/EAN: 9783743640085

Hergestellt in Europa, USA, Kanada, Australien, Japan

Cover: Foto ©Thomas Meinert / pixelio.de

Weitere Bücher finden Sie auf **www.hansebooks.com**

Hermes Trismegists

Poemander

oder

von der göttlichen Macht und Weisheit

aus dem Griechischen übersetzt und mit
Anmerkungen begleitet

von

Dieterich Tiedemann.

Mit Königlich Preußischer allergnädigsten Freyheit.

Berlin und Stettin
bey Friedrich Nicolai.
1781.

Vorrede
des Ueberſetzers.

Ueber die hermetiſchen Schriften iſt
durch der größten Kritiker Sorgfalt
alles ſo ſehr erſchöpft, daß noch kaum
eine Nachleſe übrig ſcheint. Durch genaue
Abwägung innerer Gründe und hiſtoriſcher
Zeugniſſe haben ſich die größten Alterthums-
kenner dahin vereint, daß vor dem vierten
Jahrhunderte, chriſtlicher Zeitrechnung, keine
von den uns jetzt vorhandenen da geweſen
ſeyn kann. Ihre Beweiſe ſcheinen mir keines erheblichen Zuſatzes fähig; daher ich ſie
in den Quellen ſelbſt nachzuleſen bitte. *)

Auch daß ſie mehr, als einen Verfaſſer
haben, iſt der Kunſtrichter Bemerkung nicht
entgangen: hier aber bleibt noch eine nähere
* 2
Un-

---

*) Fabricii Bibl. Græc. Vol. I. p. 45. ſqq. Cudworth.
Syſt. Int. c. IV. §. 18. Bruck. Hiſt. Crit. Phil.
Tom. I. p. 260. ſqq. Meiners Religionsgeſch.
der älteſten Völker p. 222. ſqq.

Untersuchung ihrer Quellen übrig. Bis auf der Verfasser Namen läßt sich nun diese, aus Mangel an historischen Nachrichten, freylich nicht ausdehnen, genug, wenn nur aus dem Inhalte die Menschen-Art angegeben wird, aus deren Gehirn sie geflossen sind. Von allen hermetischen Schriften kann ich, da ich hier nur den Poemander vor mir habe, nicht reden. Und auch von ihm nur, nach Ficins und Flussas (in seiner Sprache nennt es sich François Monsieur de Foix de la famille, de Candalle) Ausgaben, als welche bey dieser Arbeit zum Grunde liegen.

Hier besteht der eigentliche Poemander aus funfzehn Hauptstücken; denn Aeskulaps Definitionen an den König Ammon sind, auch dem Titel nach, nicht hermetisch.

Im ersten Hauptstücke reden Poemander, der höchste Gott, und Hermes mit einander; und außer hier, kommt dieser Name in der ganzen Schrift nur zweymal vor. Daß der Verfasser nicht nur mosaische, sondern auch christliche Schriften und Lehrer kannte, ist aus verschiedenen Ausdrücken so sichtbar, daß es hier nur berührt werden darf.

Nächst

Nächſt dieſen iſt der vornehmſte Stoff kabbaliſtiſch, oder, wenn man lieber will, aus orientaliſcher Philoſophie, denn beyde Syſteme haben die Lehre von Entſtehung aller Dinge aus dem Lichte, vom Lichte, als oberſter Gottheit, von der Materie, als dem Weſen nach bloßer Finſterniß, mit einander gemeinſchaftlich. Gemeinſchaftlich auch, daß der höchſte Gott vor der ſichtbaren Welt einen Verſtand aus ſich hervorgehen ließe, welchen die Orientaler Demiurg; die Cabbaliſten Adam Kadmon nennen.

Dann auch alt = und neu = Platoniſche Ideen. Alt = Platoniſche in den erſten, aus zween Leibern zuſammengewachſenen, hernach getheilten Menſchen; und in den ſieben Regierern der ſichtbaren Welt, worunter hier die Planeten verſtanden werden. Neu = Platoniſche, in der Benennung der andern Perſon der Gottheit mit dem Namen: Wort (λογος); in der Beſchreibung der Ekſtaſe. Ueberhaupt ſcheint dies Syſtem ſich vom Neu = Platoniſchen nur den Worten nach zu unterſcheiden, die fremden Zuſätze abgerechnet.

Außer dieſen kommen noch noch einige andere, mir nicht bekannte Vorſtellungs=Arten

ten

ten vor; daß der Mensch, wegen seines Ue-
bermuthes, sich in die grobe Natur berieben,
und dadurch einen materiellen Körper bekommen mußte; und daß der Guten Seelen sich
nach dem Tode aus einer Sphäre in die andere erheben, und in jeder eine ihrer Unvoll-
kommenheiten ablegen.

Nimmt man hinzu noch, daß γνωσις
mehr als einmal vom Anschauen Gottes in
der Ekstase vorkommt; daß die Gnostiker
auch unter den Christen um sich gegriffen
hatten, und daß so wohl ihre, als unsers
Verfassers Bemühung dahin geht, christliche
Religions-Begriffe aus heidnischer Philosophie zu erläutern: so wird man sich geneigt
finden, dieses Hauptstücks Verfasser für einen solchen halb-christlichen Gnostiker zu erkennen.

Ob dieser Aufsatz Fragment ist, läßt
sich nicht ganz zuverläßig entscheiden; er
schließt mit einer Danksagung an Gott für
die ihm erzeigten Wohlthaten. Doch vermuthlich gehörte noch mehr dazu; vor dem
Gebete sagte er, sein Schlaf wäre wahres
Anschauen, und durch Poemander sein Geist
mit guten Gedanken erfüllt worden. Vermuthlich wird er diese, nach einer so kurzen

Ein-

Einleitung, nicht für sich behalten, sondern seinen Neu-Bekehrten noch fernern Unterricht ertheilt haben. Vornehmlich, da er hier nur den ersten Tag seiner göttlichen Sendung beschrieben, also die Geschäfte der folgenden noch nachzuholen hat.

Ganz anders sind Styl und Inhalt des zweyten Hauptstücks. Hier reden Hermes und sein Sohn Tat mit einander über denselben Gegenstand; der, im Vorbeygehen zu bemerken, durch alle Hauptstücke fortläuft; Gott nemlich; die Welt, und die menschliche Natur. Der Anfang ist aus Aristotelischen Lehren, von der Unbeweglichkeit des ersten Princips; und dem Nichtdaseyn des Leeren, weil Luft alles durchdringt, und leerer Raum Nichts ist; mit Beymischung einiger, wahrscheinlich in des Verfassers eigenem Gehirn erzeugter Grillen.

Darauf folgen Neu-Platonische Sätze; daß Gott das Gute, und das Gute Gott; daß Gott von allen besondern Wesen keins, und doch alle ist.

Dieses Aufsatzes Urheber kann mit Recht für einen Neu-Platoniker gelten; diese pflegten den Aristoteles und Plato vorzüglich zusammenzufügen.

* 4   Das

Das Stück selbst ist unleugbar eines größern Werkes Ueberbleibsel. Johann von Stobi führt noch etwas, dem Ficinischen Texte vorhergehendes an; und auch dies ist noch, den eigenen Worten nach, nicht erster Anfang.

Im Vortrage ist mehr Raisonnement, und im Styl mehr Reinigkeit; und darnach würde dies Stück älter, als das vorhergehende seyn müssen.

Das dritte Hauptstück heißt heilige Rede, ist aber in der That sehr unheilig, nicht dialogisch. Die Ausdrücke sind durchgehends so unbestimmt, daß sich mit keiner Zuverläßigkeit von des Verfassers Quellen sprechen läßt. Erst unterscheidet er Gott von der Materie, und giebt beyden gleiche Ewigkeit. Darauf spricht er von einem verständigen, in der Materie und dem Chaos wohnenden Geiste oder Hauche; läßt die Elemente sich durch ihre Schwere, und des Feuers Einfluß sondern, und nach der Sonderung die sieben Planeten, als Götter sich in ihren Kreisen drehen. Diese bringen alsdann die übrigen Geschöpfe durch eigene Kraft hervor.

Dies alles ist weder Platonisch, noch Plotinisch, mehr aber den Systemen des ältern

fern Griechenlandes gemäß; als in welchen
Gott, Götter, Welt und Thiere sich aus
einer gemeinschaftlichen Masse absondern.

Hiezu nehme man, daß von der γνωσι
sehr viel vorkommt, und biblische Ausdrücke
eingemischt werden; daß endlich die Sprache
äußerst mystisch, und der im ersten Aufsatze
ähnlich ist: so wird man auch diesen Aufsatz
für Gnostisch, aber nach eigenen Ideen-Ver-
bindungen entworfen, halten.

Fragment ist auch er unstreitig, wie der
abgebrochene und Zusammenhangslose Anfang zeigt.

Des Neu-Platonismus Gepräge trägt
das vierte Hauptstück. Hermes und Tat
reden mit einander über die Gottheit und das
Mittel, zu ihrem Anschauen zu gelangen.
Gott, sagt Hermes, hat die Welt durch sein
Wort hervorgebracht, er ist alles, und gleicht
keinem; er ist das Gute, die Einheit, und
der Innbegrif aller Zahlen.

Das Mittel, zu seinem Anschauen zu
gelangen, ist, sich in den von ihm gesandten
Becher zu tauchen, dadurch überkommt man
den Verstand, und durch den nähert man

* 5   sich

sich der Gottheit. Denn dieser Becher ist mit Verstand (νους) gefüllt. Noch erwogen, daß dies Eintauchen βαπτιζεϑαι genannt, und von den Augen des Herzens (οφϑαλμοι καρδιας) geredet wird: so läßt sich wohl nicht zweifeln, daß dieser Verfasser nicht mit dem christlichen Systeme sollte bekannt gewesen seyn, und eben hiedurch von der Taufe eine philosophische Erklärung habe geben wollen.

Auch dies Hauptstück scheint mir eines größern Werkes Ueberbleibsel; theils weil der Anfang noch etwas vorhergehendes voraussetzt; und theils auch, weil das Ganze, ohne andere Ideen zu Hülfe zu nehmen, sich nicht wohl verstehen läßt.

Im fünften Hauptstücke redet Hermes allein; und sucht darzuthun, daß Gott überall sichtbar ist. Die Beweise von Gottes Daseyn aus seinen Werken, vornemlich der Aehnlichkeit der Welt mit einem Kunstwerke, wurden in mehr als einer Griechischen Schule, nach Sokrates Erfindung, gebraucht. Auch die Idee, daß Gott alles in allem ist, und sich durch die ganze Welt verbreitet, war mehr als einer Schule gewöhnlich. In Rücksicht dessen also läßt sich dieser Verfasser zu keiner besondern Secte rechnen.   Auch

Auch nicht zur Neu = Platonischen, denn diese unterschieden die materielle Welt sehr genau von der Gottheit, und gaben eine solche Expansion derselben durch die sublunarische Welt nicht zu.

Gleichwohl ist der Verfasser für das Emanations = System, weil er von Gott, dem Vater, und seinem ewigen Zeugen spricht, und die Schöpfung in einer Sichtbarmachung bestehen läßt.

Hieraus sollte man fast vermuthen, daß dieser Schriftsteller kabbalistische, mit Alt = Griechischen Ideen versetzt, und daraus ein Ding eigener Art gemacht hat.

Fragment eines größern Werks muß es, dem Anfange nach, durchaus seyn.

Auch im sechsten Hauptstücke führt allein Hermes das Wort; und sagt mit verschiedenen Wendungen und Gründen, daß nur Gott das Gute ist. Dies ist bekanntlich Neu = Platonisch; Spuren einer andern Lehre finde ich nicht.

In einem sehr pathetischen Tone redet das siebente Hauptstück zuerst alle Menschen,

schen, gleich darauf ein nicht genanntes In-
dividuum an, um sie zum Anschauen Gottes
zu ermuntern. Vielleicht ist dies eine Folge
von den im ersten Hauptstücke angefange-
nen Reden Hermes an das Menschen-Ge-
schlecht; der Ton wenigstens gleicht jenen sehr.

Auch der Inhalt; denn es wird gesagt,
dieser Mangel an höherer Einsicht sey das
größte Uebel; dessen Ursache der Körper;
und das Heil-Mittel, sich den Sinnen zu
entziehen. Biblische Ausdrücke scheinen gleichfalls durch; so der Haafen des Heils (σωτη-
ριας); die Augen des Herzens.

Das achte Hauptstück wieder dialogisch, und mit kaltem Blute geschrieben;
Hermes redet mit seinem Sohne, aber ohne
zu sagen, welchem. Also ist dies Hauptstück
ein Fragment.

Die Ideen sind theils aus Neu-theils
aus Alt-Platonischem Systeme genommen.
Neu-Platonisch, daß Gott die Materie verkörpert, und die Qualitäten zur Bekleidung
der Materie in die Welt geschickt hat. Alt-
Platonisch, daß die Welt von Gott unmittelbar hervorgebracht, der andere Gott, und
von Gott überall durchdrungen ist.

Im

Im neunten Hauptstücke redet wieder Hermes allein. Die Sätze, daß die Welt Gottes Sohn, und von der Gottheit überall durchdrungen ist, herrschen auch hier: Daneben einige, sonst noch nicht vorgekommene, daß böse Geister dem Menschen böse Begierden einflößen; und ihnen nur durch die Gnosis entgangen werden kann. Endlich auch noch christliche Ideen von der Kraft des Glaubens; also Mischung Alt- und Neu-Platonischer Ideen.

Fragment ist auch dies, weil einer gestrigen Rede, und der Verbindung des gegenwärtigen mit ihr, erwähnt wird.

Das zehnte Hauptstück wieder dialogisch: die Haupt-Ideen, daß die Welt Gottes unmittelbare Wirkung, und der zweyte Gott ist, auch hier herrschend. Dabey der Neu-Platonische Satz, daß Gott das Gute, und das Leben ist.

Kabbalistisch scheint die Vorstellung, daß die Welt einen Kopf hat, und dieser Kopf das denkende Wesen (νοῦς) ist. Auch daß der Verstand in der Vernunft, die Vernunft in der Seele, die Seele im Geiste, und der Geist im Körper wohnt, nebst einigen ähnlichen;

chen; denn bekanntlich ließen die Kabbaliſten
die Seele aus mehreren in einander eingeſchloſſenen Theilen beſtehen. Was von der
Seelenwanderung geſagt wird, iſt weder ganz
Neu = Platoniſch, noch ganz Kabbaliſtiſch.

Fragment iſt auch dies; aber aus einem ganz andern, als dem vorigen Werke;
weil auch hier von einer geſtrigen Rede etwas erwähnt wird. Beyde Schriften alſo
waren in gewiſſe Unterredungen und Reden
nach Tagen abgetheilt.

Im eilften Hauptſtücke redet der Verſtand zum Hermes. Daß Gott alles in allem, und das Gute iſt, behauptet auch er;
miſcht aber dabey manche ganz fremde Rai-
ſonnements ein. Die Ewigkeit (o αιων) habe
die Welt gemacht, dieſe iſt in Gott, und die
Welt wieder in ihr. Dieſes Wortes vorzüglicher Gebrauch bey den Gnoſtikern läßt
vermuthen, daß dies eines Gnoſtikers Geburt iſt.

Der Anfang zeigt, daß noch etwas vor-
hergegangen iſt; alſo auch dies iſt Fragment
einer von der vorigen verſchiedenen Schrift.

Das zwölfte Hauptſtück wiederhohlt
dieſelben Ehren, daß alles in Gott, Gottes
Glie-

Glieder, und von Gott durchdrungen iſt.
Darunter ſtehen Neu-Platoniſche Sätze von
der Idee und den Zahlen; auch, nicht ver-
daute Ariſtoteliſche Sätze. Die Form iſt
dialogiſch, aber nichts ganzes; denn es wird,
in Anſehung des Fatum, auf etwas vorher
geſagtes, aber in allen dieſen Schriften nicht
vorkommendes, verwieſen.

Im dreyzehnten Hauptſtücke redet
Hermes zum Tat von der Wiedergeburt
(παλιγγενεσια), worunter er die Befreyung
von Laſtern, und die Mittheilung richtiger
Erkenntniß von Gott und göttlichen Dingen
verſteht. Den Urheber derſelben nennt er
Gottes Sohn, den einzigen Menſchen. Nach
dieſem alſo wird man wohl nicht zweifeln,
daß der Verfaſſer chriſtliche Lehren kannte.

Dieſe Wiedergeburt, ſagt er, geſchieht
dadurch, daß die Dekade göttlicher Tugenden und Kräfte die Dodekade angebohrner
Laſter aus uns vertreibt. Man ſieht, er will
dieſe chriſtliche Lehre aus pythagoriſchen, oder
kabbaliſtiſchen Zahlen-Grundſätzen erklären.

Nebenher erwähnt er auch noch, Poemander habe von der Zahl acht etwas offenba-
ret, welches ſich aber im gegenwärtigen nicht
findet.

findet. Hiemit den vorhergehenden Ausdruck verglichen, daß der Gute Dämon etwas offenbart habe, welches gleichfalls in unserm Poemander nicht steht; wird man sich der Vermuthung nicht erwehren können, der Poemander sey ehemals um ein beträchtliches weitläuftiger, und manche von diesen Fragmenten zu Commentaren über ihn bestimmt gewesen.

Auch dies Hauptstück ist einer größern Schrift Bruchstück; Tat bittet gleich anfangs um Erklärung einer in Hermes allgemeinen Reden enthaltenen dunkeln Stelle.

Von andern in den vorhergehenden Abschnitten herrschenden Ideen kommt hier nichts ausdrücklich vor.

Das vierzehnte Hauptstück ist in Form eines Briefes an den Aeskulap abgefaßt. Er behandelt hier nur die Gemeinplätze, daß Gott ist, daß er das Gute ist, daß er aller Wesen Vater ist, und das Uebel nichts, als nothwendige Folge des Guten ist. Das übrige, wo mehr charakteristische Sätze vorkommen müssen, ist verlohren gegangen.

Das funfzehnte Hauptstück ist ein Fragment aus Johann von Stobi. Mer-

kur

kur redet mit Tat, und belehrt ihn von dem
schon Platonischen, vielleicht auch noch wohl
Pythagorischen Satze, daß auf Erden alles
nur Scheinwesen, ohne Realität, ist. Zusatz
fremder Ideen wüßte ich nicht gefunden zu
haben. Eben der Art ist auch das andere Fragment von Gottes Unbegreiflichkeit.

Das letzte vom Tode enthält, wo nicht
fremde Ideen, doch wenigstens Ausbrücke,
die ich zu erklären, also auch den Ursprung zu
bestimmen, nicht wage. Die Grund-Idee,
Seelen-Unsterblichkeit, ist allein nicht charak-
teristisch.

Aeskulaps Definitionen im sechzehnten
Hauptstücke tragen ihrer Unächtheit Doku-
ment an der Stirne. Der weise Mann fürchtet sich für Uebersetzung seiner Schrift in das
Griechische, zu einer Zeit, da noch nur Pe-
lasger existierten. Oder, sahe er Hellenen im
prophetischen Geiste, warum nicht auch, daß
diese Furcht ganz unnöthig war? Es sind
aber keine logische Definitionen, sondern mehr
Grundsätze, κυριαι δοξαι. Alles, heißt es, ist
Eins, Gott und das Universum, die Sonne
desselben Mittelpunkt, Regierer, höchster Gott.
Dies ist nicht Platonisch, in keinerley Sinne,
vielleicht Pythagorisch, denn einige wollen
doch Pythagorische Lehrsätze so verstanden

** haben

haben, als ob die Sonne der Welt Mittelpunkt, und Jupiters Wohnsitz sey. Wie der Verf. damit seine die sinnliche Welt umschließende Intellektual = Welt reimen will, mag er selbst wissen. Anderer Neu = Platonischer Zusätze nicht zu gedenken; aus welchen man den sinn= losen Synkretisten sieht.

Was auf diese Definitionen in Ficins Uebersetzung folgt, erkennt auch er nicht für ächt; sicherer Beweis, daß es sichtbare Zei= chen der Unterschiebung an der Stirne trägt.

Aus diesem allen nun lassen sich folgende Sätze abziehen; alle diese Stücke sind bloße Bruchstücke; sie sind aus verschiedenen ver= schieden denkender Männer Schriften gezo= gen; sie sind endlich nichts weniger, als der vollständige Poemander.

Der meisten Haupt = Absicht geht dahin, christliche Religion mit einem gewissen Neu= Platonischen und Kabbalistischen Enthusias= mus zu verbinden, und deren Lehren aus phi= losophischen Grundsätzen zu erklären; davon die vornehmsten, und am allgemeinsten hier herrschenden folgende sind: es existiert ein ein= ziger, ewiger, guter, immaterieller Gott, dessen Wesen Licht ist. Seine ewige und nothwen=

dige

dige Wirkung ist die Welt, als welche durch
seinen Willen von ihm ausgeflossen, von ihm
überall durchdrungen, und in ihm befindlich
ist. Gott also ist der Vater, und die nach ihm
auch göttliche Welt, der Sohn. Zu seinem An=
schauen kann man nicht anders, als durch den
aus ihm in alle Thiere geflossenen Verstand
gelangen; daher muß man sich von den Sin=
nen, und allen körperlichen Reizungen zu ent=
fernen, sich ganz in sich zurückzuziehen, und
dadurch das sinnliche Licht aus dem göttlichen
Verstande auf sich herab zu ziehen suchen.
Wem diese Gnade von Gott zu Theil wird,
der kehrt nach diesem Leben zur Gottheit zu=
rück, und wird im eigentlichen Sinne vergöt=
tert. Gottlose hingegen, und sinnliche Men=
schen werden von bösen Dämonen gereiniget,
oder in thierischen Körpern für ihre Verge=
hungen gestraft.

Dies alles wird, in den Mantel der Of=
fenbarung und des Geheimnisses gehüllt, zur
Mystik gemacht. Ehe Alexandrien aller Phi=
losophie und Gelehrsamkeit Hauptsitz wurde,
hatte Mystik unter den Griechen nicht viel
Raum gewonnen. Pythagoras und einige sei=
ner ersten Schüler fiengen zuerst an, in mysti=
schem Tone zu reden, und von Offenbarungen
sich manches entfallen zu lassen. Xenophon

nennt deswegen die Pythagorische Lehre (τε-
ρατωδη σοφιαν) eine wundervolle Weisheit;
und nach glaubwürdigen alten Zeugnissen
sprach Pythagoras von Götter=Erscheinun-
gen und außerordentlichen Offenbarungen.
Empedokles wollte Wunder thun, und schrieb
ein Werk über die Reinigungen, (καθαρμοι)
voll wahrscheinlich von mystischen Ceremo-
nien.

Allein unter den Philosophen wurde dies
weder allgemein, noch dauerte es lange; der
Philosoph, zu sehr Freyheit athmend, und
theils durch geraden Menschenverstand zu sehr
geleitet, suchte durch eignes Nachdenken Wahrheit auszumitteln. Dazu kam, daß man von
ihm Beweise verlangte, und er folglich in dem
Vorrathe seiner eigenen, und anderer gewöhn-
lichen Begriffe tief nach ihnen forschen mußte.
Wer aber sich mit gründlichem Raisonnement
und ernstlichem Forschen nach Wahrheit be-
schäftigt, dessen Einbildungskraft wird nicht
mehr Thätigkeit genug zu Entzückungen behalten können.

Ein Land, wie Aegypten, voll des blö-
desten Aberglaubens, seit Jahrhunderten durch
Priester=Künste mit Geheimnissen und Göt-
ter=Erscheinungen erfüllt; dessen ganze Luft
nichts,

nichts, als blinden Enthusiasmus duftete; konnte nun den Geist der Schwärmerey wieder beleben. So bald Minerva in Alexandrien ihren Thron aufgeschlagen, und der Ptolemäer Freygebigkeit Gelehrte dahin gelockt hatte: fieng die Griechische Weisheit an, um Aegyptischen Beyfall zu buhlen. Angesteckt von des Landes Lust, nahm sie allmählig der Einwohner Farbe an sich; kleidete sich in Aegyptische Ausdrücke, und suchte, sich mit Aegyptischen Vorurtheilen zu vereinen.

Daher fiengen die neuern Platoniker nach und nach an, den schwärmerischen Theil von ihres Lehrers Verlassenschaft vorzüglich anzuwenden, ihn mit Zusätzen aus Aegyptischen Tempeln zu vermehren, und von Erscheinungen und Beschwerungen der Geister zu reden.

Die Liebe zum Wunderbaren wurde durch die immer stärkere Ausbreitung des Christenthums noch mehr angefacht. Da die Philosophen sahen, daß dies neue System dem ihrigen gänzlichen Umsturz drohte; daß Wunder vorzüglich Proselyten machten: so durchsuchten sie eifrig den ganzen Wust von Priester=Fabeln, um sich, wo möglich, auch zu Wunderthaten empor zu schwingen. Kalte Menschen-Vernunft ward ihnen Ekel, und konnten sie außer sich kein Wunder wirken: so erfüllten sie wenigstens ihre Einbildungskraft mit Erscheinungen, Anschauen und Offenbarungen, deren Würklichkeit ihnen so leicht nicht streitig zu machen war.

Hiezu kam noch der Eifer, dem Christenthum wenigstens dadurch Abbruch zu thun, daß sie dessen Aechtheit verdächtig machten, und es aus uralten und ehrwürdigen Quellen herleiteten. Man nahm also einige von dessen hervorstechenden und auffallendsten Lehren, versetzte sie mit philosophischen Ideen, und stellte sie dem Volke als längst vom Hermes vorgetragen dar.

Doch bald hätte ich über dieser Abschweifung den Namen Poemander (ποιμανδρης) zu erklären vergessen. Eine Stelle im geheimen Lobgesange mag dies statt meiner verrichten; hier heißt es: der Verstand weidet deine Vernunft (λογον τον σον ποιμαινει ο νους). Poemander wird mehrmals des Selbstständigen Verstand (ο της αυθεντιας νους.) genannt; er also ist es, der die Vernunft unterrichtet, oder erleuchtet. Denn der Zusammenhang giebt, daß hier ο λογος σος der göttliche, unter die Menschen ausgetheilte Verstand ist. Folglich

lich heißt der göttliche Verstand Poemander,
weil er die Menschen erleuchtet, (ποιμην αν-
δρων ; oder ποιμαναν τους ανδρας). Auch diese
Benennung ist sichtbar aus christlichen Ideen
hergenommen.

Oben sagte ich, daß Ficins und Flussas
Ausgaben bey dieser Uebersetzung zum Grunde liegen. Man wird fragen, warum nicht die
bessere von Patricius? Weil ich diese nicht
hatte, und weil hoffentlich auch die meisten
Leser nach dieser Probe das etwan fehlende
nicht sehr vermissen werden.

So wohl im Texte selbst, als auch in der
Uebersetzung habe ich manche Fehler zu ver-
bessern gesucht. Im Texte, weil auch Flussas, obgleich Kritiker, doch manchmal den Zusammenhang nicht genug vor Augen, und
Schreibfehler übersehen hatte. In der Uebersetzung, weil beyde Uebersetzer manche Stellen nur dem Buchstaben nach ausgedruckt
hatten. Zuweilen habe ich in den Anmerkungen Beyspiele angeführt; immer, würde
zu langweilig, auch zu wenig erheblich gewesen seyn.

Woher die Anmerkungen entlehnt sind,
wird man schon aus dem gegebenen Abrisse
des

des Inhaltes schließen. Von Fussas und
Rossels unermeßlichen Commentaren (die alles enthalten, selten aber, was man zu wissen
verlangt) und Ficins kurzen Erläuterungen
werden Kenner sie verschieden finden. Beyde
wollten diese Schriften durchaus ächt finden,
beyde konnten also nicht zu den rechten Er-
läuterungs-Quellen gelangen. Oft aber,
wo meine geringe Belesenheit mich verließ,
habe ich meine Unwissenheit bekannt, weil
ich lieber gar nichts, als aufs Gerathewohl
gemuthmaßtes, sagen zu müssen glaubte.
Nicht allemal sind die Belege der Anmerkungen genannt, weil es nicht allemal in gehöri-
ger Kürze geschehen konnte, und weil ich mehr
auf den Sinn aufmerksam, als die Anmerkungen zum Magazin von Belesenheit machen
zu müssen glaubte. Liebhaber philosophischer
Geschichte werden ohnehin wissen, wo sie sich
Raths erhohlen können, und wozu Nicht-
Liebhabern entbehrliche Anführungen? Jenen habe ich die Sitze der wichtigsten Lehren
aus den Haupt-Verfassern selbst angemerkt;
wo diese nicht mehr vorhanden sind, würde
Anhäufung von Stellen zwar sicher mehr
Papier; aber nicht so sicher auch mehr den
Geist gefüllt haben.

T.

Erstes Hauptstück.

Entstehung der Welt; Schöpfung und Fall des Menschen, Mittel zur Rettung.

Als ich einmal über der Dinge Natur nachdachte, und mein Verstand, bey stark gefesselten Sinnen, wie den nach einer völligen Sättigung oder körperlichen Ermattung, vom Schlafe überfallenen zu wiederfahren pflegt, sich empor schwang; *) kam es mir vor, daß Jemand von einer erstaunlichen und unermeßlichen Größe mich bey Nahmen rief, und mir sagte, **) was willst du hören, sehen, und was begehrt dein Geist zu lernen und zu wissen? — Wer bist denn du? antworte ich. — Und er, ich bin Poemander, der selbständige Verstand ***), ich weiß, was du verlangst, und bin überall bey dir. — Mein Wunsch ist, erwiederte

Hermes Trismegist.   A   dere

---

*) Beschreibung der den Eklektikern gewönlichen Ekstase: man muß alles vergessen, das äußere, sich selbst, und sich ganz in sich kehren, sagt Plotin Ennead. VI. lib. IX. c. 7. sqq.

**) Εδοξα τινα — καλεν το ονομα, και λεγοντα μοι τι βουλει. Ohne Zusammenhang, und gegen die Grammatik; ohne Zweifel stand ehemahls εδοξα — καλεν μου το ονομα, και λεγειν.

***) Ὁ της αυθεντιας νους ficin. mens divinae potentiae; flußas eius mens qui per se est. Der Ausdruck

dere ich, das Ding und ihr Wesen, und die Gott=
heit zu erkennen, dies wünsche ich von dir zu ver=
nehmen. *) —

Darauf er, behalte in deinem Herzen, was du
zu erfahren begehrst, und ich will dich lehren. So
sprach er, veränderte seine Gestalt, und sogleich öf=
nete sich mir alles in einem Augenblicke. Ich sahe
ein gränzenloses Schauspiel, alles zu einem ange=
nehmen und sanften Lichte geworden, dessen An=
blick mich entzückte. Gleich darauf verwandelte es
sich zum Theil in eine sich senkende fürchterliche,
grausenvolle **) und wellenförmig begränzte Fin=
sterniß ***), so daß es mir vorkam, als sähe ich
die Finsterniß sich in ein feuchtes Wesen verwan=
deln, welches unaussprechlich unruhig war, und
einen Rauch, wie vom Feuer, aufsteigen ließ, da=
bey einen unbeschreiblich kläglichen Laut von sich
gab.

---

ist nicht griechisch, vielmehr hebräisch; wo wie gewöhn=
lich das Substantiv für das Adjektiv steht, ὁ νους
αυθεντης. Die Folge giebt, daß hier die höchste Gott=
heit selbst verstanden wird; dem Plotin ist der Verstand
das zweyte nach der obersten Gottheit. (Ennead. lib. I,
c. 7.

*) Μαθειν θελω τα οντα — και νοησαι —
και γνωναι τον θεον πως εφην ακουσαι βουλομαι.
Ohne Sinn, so auch die Flussatische Uebersetzung, Ficin
übergeht es ganz. Sezt man für πως, τουτ, so ist
alles deutlich.

**) σκωτος κατωφερες ην, εν μερει γεγενημενον.
Das Komma hat die Ausleger verwirrt; man lasse es
weg, so ist der Sinn: nicht alles Licht, sondern nur ein
Theil davon verwandelte sich in Finsterniß.

***) πεπειραμενον, der Ausgeber Vorschlag πεπερασ=
μενον vorzüglicher. Die Meynung, die Finsterniß hatte

gab. *) Dann erhob sich daraus ein unartikulirter Schall, gleich der Stimme des Lichtes. Aus dem Lichte schwebte das heilige Wort über die Natur, **) und aus dem feuchten Wesen sprang ein reines Feuer hinauf in die Höhe. Es war leicht und stark, dabey wirksam. Die leichte Luft folgte dem Feuer, welches aus der Erde und dem Wasser bis an das Licht empor stieg, ***) so daß sie an das Feuer gehängt schien. Erde aber und Wasser blieben vor sich vermischt, so daß man jene nicht vor dem Wasser

A 2 ser

keine überall gleiche, sondern Gränze in krummen Linien. σκολιος heißt auch tortuosus nicht allemahl obliquus wie die Uebersetzer wollen. Dabey wüßte ich nichts passenbes zu denken.

*) Bis hieher alles Kabbalistisch. Nach diesem Systeme ist Gott Licht, das zieht sich vom Mittelpuncte zurück, und diese Finsterniß ist Materie. (Bruck. Hist. Crit. Phil. Tom. II. p. 990. sqq. Das folgende weicht hievon ab; die Generation kur; diese, zuerst Licht, dann Finsterniß, dann aus dem Lichte das Wort; dadurch Sonderung des Feuers von der groben Materie, diesem folgt die Luft, Wasser und Erde bleiben zurück, Feuer und Luft genießen den Einfluß des Wortes, und letztere bewegt eben dadurch die grobe Materie; heißt deswegen auch πνευματικος λογος. So scheint mir alles am besten zusammenzuhangen. Die Kabbalisten lassen zuerst die Sephiren, hernach die materiellen Dinge entstehen, so auch die neuern Platoniker; hier entsteht nach der Materie das Wort.

**) εκ τε Φωτος τι. Die Frage scheint hier nicht sehr schicklich; τι weggelassen giebt bessern Zusammenhang.

***) ὁ αηρ ηκολουθησε τω πνευματι αναβανοντος αυτου μεχρι του πυρος. Von dem πνευμα hat er bisher noch nichts gesagt, ich wüßte hier nichts anders als das Feuer darunter zu verstehen. Alsdann muß für πυρος, Φωτος stehn.

ſer ſehen konnte: doch wurden ſie durch das geiſtige
über ſie ſchwebende Wort hörbar bewegt. *)

Haſt du, ſprach Poemander zu mir, das Schau-
ſpiel und ſeinen Sinn bemerkt? — Ich werde es
ſchon erfahren, erwiederte ich — Jenes Licht,
ſprach er, bin ich, das benkende Weſen, dein Gott,
der ich vor dem feuchtem, aus der Finſterniß er-
ſchienenem Weſen da bin. Das leuchtende Wort
aus dem Verſtande iſt Gottes Sohn. —

Wie ſo? fragte ich — Betrachte es ſo:
was in dir ſieht und hat, iſt des Herrn Wort, der
Verſtand aber iſt Gott der Vater; denn ſie ſind
nicht von einander getrennt, weil ihre Vereinigung
das Leben iſt. Habe Dank, erwiederte ich. **) —

Allein betrachte das Licht, und beachte es.
Dies geſagt, ſahe er mir einige Zeit ins Geſicht,
ſo, daß ich über ſeine Geſtalt erzitterte. Als er aber
ſeinen Blick wegwandte, ſahe ich in meinem Geiſte
das

---

*) Hier miſchen ſich moſaiſche und neu-Platoniſche Vor-
ſtellungen ein; aus dem Lichte kommt das Wort, nach
Moſes ſchwebte der Geiſt Gottes über der Tiefe; nach
Plotin zeugt die höchſte Gottheit den Verſtand, am letzt
angeführten Orte. Das höchſte Licht, das Wort und
der Geiſt hangen an einander; der Kabbaliſtiſche vom
höchſten Gott bis an die Materie bringende Strahl. Unter dem Geiſte, den er hernach λογον πνευματικον
nennt, läßt ſich ſchwerlich etwas anders als das durch
das Wort aus der Materie hervorſpringende Feuer ver-
ſtehen.

**) Zuſatz chriſtlicher Ideen; den neuen Platonikern iſt
der höchſte Gott des Verſtandes Urſache, alſo der Verſtand Sohn; hier der Verſtand Vater, das Leben Sohn;
dies Leben heißt λογος θεου wie auch im neuen Teſta-
mente. (Plotin. Enn. V, 1, 6.)

das Licht in zahllosen Kräften, *) eine gränzenlose
Welt entstanden, das Feuer sie mit großer Kraft
umschließen, und selbst durch eine höhere Gewalt
zum Stillstande gebracht. Diese Gedanken sahe
ich durch Poemanders Verstand **) —

Er, in meinem Staunen hierüber, sprach zu
mir, du hast im Geiste jene ursprüngliche Form ge-
sehen, die vor dem unförmlichen Princip hergeht ***)
So Poemander. — Aber, antwortete ich, die
Elemente der Natur, woher sind die entstanden? —
Hierauf er: aus Gottes Rathschlusse, welcher das
Wort zu Hülfe nahm, die schöne Welt sah, und
sie durch seine eigene Elemente und reine Wirkun-

A 3 gen

*) δυναμεων, sind die Sephiroth, der Kabbalisten von
einigen Griechen auch δυναμεις genannt, das ist diejenigen besondern Strahlen des göttlichen Lichtes, durch
welche die Wesen verschiedener Art in den verschiedenen
in einander enthaltenen Wesen hervorgebracht worden.
(Bruck. Hist. Crit. Phil. Tom. II. p. 966. 1002. sq.)
Ueberhaupt sieht man aus dem Zusammenhange, daß er
hier die Intellectualwelt im göttlichen Verstande meint,
denn eben dies Muster ahmt Gott hernach bey der
Schöpfung der materiellen Welt nach.

**) Dies aus Griechischer alter Philosophie, nach welcher fast
durchgehends Feuer das oberste Element ist. Dies umschließt die Welt, und wird durch den noch höhern Lichts-
kreis in seinen Gränzen gehalten.

***) το αρχετυπον ειδος το προαρχον της αρχης
της απεραντου. Ταυτα ὁ ποιμανδρης εμοι.
Flussas übersetzt: vidisti in mente tua exemplarem Speciem antiquiorem principio interminato. Hæc mihi Pi-
mandras. Ego inquam: Naturæ elementa; den Worten
nach unrichtig, vielleicht durch einen Druckfehler, nach
inquam sollte kein Punct stehen. Ficin hingegen ganz
sinnlos: vidisti in mente primam speciem infinito imperio
prævalentem. Bisher ist die Rede nur noch von der
Idealwelt, dem Muster der materiellen. Diese vom

gen nachbildete. *) Gott nemlich, der Verstand, der beyde Geschlechter in sich vereinigt, Leben und Licht ist, zeugte durch das Wort einen andern Welt schaffenden Verstand, der als Gott des Feuers und Geistes sieben andere Herrscher schuf, die die sicht= bare Welt in sieben Kreisen einschließen. Ihre Regierung heißt das Schicksal. **) Sogleich sprang aus den sich senkenden Elementen ***) Gottes Wort hervor

Plato hauptsächlich eingeführte und von den Eklektikern gleichfalls angenommene Welt versteht er hier.

*) γεννηματα φιλα die Formen, oder Ideen aller materiellen Dinge, aber doch immateriell. Dies ist einer der verworrensten und streitigsten Punkte der eklektischen Philosophie (Bruck. Hist. Crit. Phil. Tom. II. p. 401. sq.)

**) Dies ist die Weltseele, die sieben Herrscher, die Pla= neten. Die Generation also die: Verstand zeugt das Wort; dies die Weltseele; diese die sichtbare Welt. Nach den neuen Platonikern wird die Weltseele vom Verstande gezeugt. Daß Gott αρρενοθηλυς ist, kommt in den Orphischen Gedichten oft vor, und war eine in der schwärmenden Philosophie herrschende Vorstellung, aus dem Morgenlande entlehnt. Noch jetzt lehren die Samanäer in Indien, Gott sey ein reiner, den Urstoff aller Dinge in sich fassender Geist; als er die Materie schaffen wolte, habe er sich durch seiner Allmacht Wür= kung eine materielle Form gegeben, und männliche und weibliche Geburtstheile von einander gesondert, die vor= her in ihm selbst koncentrirt waren. Dieser Gottheit Symbol ist der Lingam, eine Bildsäule halb Mann, halb Weib, so daß des Gesichts eine Hälfte, ein Arm, ein Bein, dem Manne, die andre Hälfte dem Weibe gehört. (S. de Guigne Untersuchung über die Samanäische Phi= losophie, in Hißmanns Magazin der Philosophie Th. III. p. 87.)

***) στοιχειων του θεου, ο του θεου λογος. Das erste του θεου ist unnöthig, ich vermuthe der Abschrei= ber hat es wegen der unmittelbaren Folge doppelt gesetzt.

hervor in die rein geschaffene Natur, und vereinigte
sich mit dem schaffenden Verstande, weil es mit ihm
gleiches Wesens war, und die vernunftlosen und
schweren Elemente blieben zurück, so daß die Materie allein blieb. *) Der schaffende Verstand
aber, nebst dem Worte, der die Kreise umschließt,
und sie mit Geräusch herum dreht, setzte seine
Werke in Bewegung, und ließ sie von einem un-
bestimmlichen Anfange sich zu einem unbegränztem
Ende herum drehen; denn sie fangen an, wo sie
aufhören.

A 4

Ihre

*) Dieser Demiurg wird also von Gott durch den Verstand
hervorgebracht, und bildet zuerst die sieben Planeten,
endlich auch unsere sublunarische Welt. Sichtbar ist er
mit der neu-Platonischen Weltseele einerley, folglich
unter andern Nahmen hier dieselben Sachen; bey jenem
der höchste Gott, der Verstand (λογος), und die
Seele; hier der Verstand, das Wort, und der Demiurg.
Mit ihm vereinigt sich das aus der groben Materie
hervorspringende Wort, also muste noch etwas von göttlicher Substanz in der Materie übrig seyn, und dieser
letzte Strahl dient zur Verbindung des Ganzen. Also,
soviel ich den Verf. verstehe, des Universums Ordnung
die: erst ganz reines Licht; der Verstand; denn Zurückziehung des Lichtes; Gott und Materie; dann aus Gott
das Wort, (welches hier wohl belebende und bewegende
Kraft Gottes ist,) jeder in verschiedenen aber durch einen
geraden Strahl vereinigten Kreisen; dann Weltschöpfer,
der durch den Verstand erzeugt wird, und Gott des
Feuers und der Luft ist (das heist wol die Weltseele entsteht daher, daß belebende Kraft dem Feuer und der Luft
mitgetheilt wird, als welche dem Worte gleich nachge-
folgt waren, und durch einen Strahl mit ihr zusammen
hiengen; also auch der Kreis der Weltseele eben dadurch
mit den obern Kreisen verbunden;) diese Weltseele bildet die sieben Planetenkreise, welche alle unter sich auch
mit der groben Materie durch einen Strahl verknüpft
sind. Endlich der Kreis unserer Welt, in allem zehn

Ihre Umdrehung zeugte nach dem Willen des Verstandes, auch aus den schweren Elementen unvernünftige Thiere, denn der Verstand hielt das Wort nicht zurück. Die Luft brachte fliegende, das Wasser schwimmende Thiere hervor. Erde und Wasser sonderte sich nach des Verstandes Willen von einander, und die Erde brachte vierfüßige, kriechende, wilde und zahme Thiere hervor.

Und der All-Vater, der Verstand, der Leben ist und Licht, zeugte den Menschen ihm gleich, und liebte ihn als seinen eigenen Sohn; denn schön war er, da er seines Vaters Bild trug. Aufrichtig liebte auch Gott seine eigene Gestalt, und übergab ihm alle seine Werke.

Als er aber in seinem Vater des Schöpfers Werk erkannt hatte, wollte er selbst auch schaffen. Und im Kreise des Schöpfers befindlich, mit aller Kraft ausgerüstet, erhielt er vom Vater die Erlaubniß, seiner Brüder Werke zu schauen. *) Diese liebten

---

Kreise, drey für die Personen der Gottheit, sieben für die Planeten, denn unsere Erde ist im letzten Planetenkreise. Das sind die zehn Sephiren. Jamblich kannte andere Hermetische Werke, worin eben diese Grundsätze, nur unter Anführung ägyptischer Benennungen vorkamen. (de myst. Aegypt. p. 154. nach Ficins Uebers. Lugdun. 1577.) Und das musten sie auch wohl, wenn die Betrügerey anders wahrscheinlich seyn sollte.

*) καὶ συνεχωρήθη — εξ ὧν την πασαν εξουσιαν κατενοησε των αδελφων τα δημιουργηματα. Flussas verbessert richtig εχων, κατανοησαι των αδελφων. Nur hat er seiner Verbesserung ganzen Sinn nicht eingesehen, denn er übersetzt gegen Sprachgebrauch: et relictus est a patre, natus in opificiali globo, habens etc. Die Brüder sind hier die andere Geister und Dämonen; denn dieser Mensch war noch nicht materiell; wie die Folge lehrt.

liebten ihn, jeder theilte ihm sein Geschäft mit. Der
Kenntniß ihres Wesens, und ihrer Natur theilhaftig geworden, *) wollte er die Kreise durchbrechen,
und die Macht des, der das Feuer zurück hält, über-
wältigen. **) Und der über die vergängliche Welt
und die unvernünftigen Thiere ***) Allgewalt hat,
offenbarte sich durch die Harmonie, die Stärke derselben aufhebend, und zeigte der niedern Natur die

A 5   schöne

---

*) ἑαυτων Φυσεως ohne Sinn, richtiger αυτων.

**) κατανοησαι. Fluſſas verbeſſert καταπονησαι mit
Recht. Der Fall des Menſchen wird hier ſehr moſaiſch er-
zählt, bey den neuen Platonikern finde ich dies nicht.
Daß der Menſch der Natur der übrigen Planeten theilhaftig wurde, drucken neuere Platoniker ſo aus : ein
Theil der Seele, die Vernunft iſt ein Ausfluß Gottes;
die übrigen, Begierde und Zorn ſind aus den Partikeln
der übrigen Planetenſubſtanzen zuſammengeſezt. Dies
ſagt Jamblich, habe er in Merkurs Büchern gefunden.
(de myſt. Aegypt. p. 159. nach Ficins Ueberſ.) Dieß
letztere nun war eben nicht nothwendig; denn Empedokles, und faſt alle alte Philoſophen, auch Plato lehrten, daß die Empfindungen nur durch Aehnlichkeit der
Beſtandtheile entſtehen können, folglich Seelen die alles
empfinden und denken ſollen, Beſtandtheile jedes in der
Welt vorhandenen Grundweſens enthalten müſſen. (Ariſtot. de An. 1. 2.) Daher ſetzt auch Plato die Weltſeele
aus allen Grundſtoffen zuſammen, und läſt aus ihr die
unſerigen entſtehn (Tamalus p. 1049. Ficin.) Dieſer
Verf. weicht von Griechenlands Philoſophen darin ab,
daß er die Seele vom höchſten Gott ſelbſt ſchaffen läſt,
und folgt hier, ſo wie an mehreren Stellen, der bibli-
ſchen Schöpfungs-Geſchichte.

***) τουτων θνητων κοσμου ζωων, και των αλογων.
Eine widernatürliche Verſetzung: wahrſcheinlich ſtand
ehemahls, του των θνητων κοσμου, και των
αλογων ζωων.

schöne Gottes-Gestalt. *) Ueber seinen Anblick,
worin überschwengliche Schönheit und die Kraft
aller Weltregierer wallte, diese Gottes-Gestalt lä-
chelte sie in Liebe, denn sie erblickte den Abriß der
schönsten Menschen-Gestalt im Wasser, und ihren
Schatten auf der Erde. Er aber (der Mensch) die
ihm ähnliche Gestalt im Wasser sehend, liebte sie,
und wünschte, bey ihr zu wohnen, **) den Wunsch be-
gleitete Erfüllung, und er wohnte in der vernunftlosen Gestalt. Die Natur aber umarmte ihren
Geliebten inniglich, und sie vermischten sich, denn
sie liebten einander. Der Mensch ist daher unter
allen Thieren der Erde allein doppelt, sterblich wegen
des Körpers, unsterblich durch den wesentlichen
Menschen. Er, der unsterblich, und aller Herr ist,
ist dennoch den Zufällen sterblicher, dem Schicksale
untergeordneter Wesen, unterworfen. War er also gleich über die Harmonie: so wird er doch ein
Sclav der Harmonie, ***) ob er gleich, weil sein Vater

---

*) αναρρηξας το κρατος ſc. της αρμονιας, um
sich zu offenbaren muste er die Sphären durchbrechen.

**) την ομοιαν αυτω μορφην εν έαυτω ουσαν εν τω
υδατι Kontradiktorisch; Ficin übersetzt: ille præterea
consecutus similem sibi formam in se ipso existentem, ve-
lut in aqua. Besser man liest την ομοιαν έαυτω ουσαν μορφην.

***) So erklärt auch Jamblich, und mit ihm andere seiner
Schule, des Menschen Unterwerfung unter das Schicksal. Der Mensch hat nach Hermes Schriften, zwo
Seelen, die eine vom höchsten intellektuellen Wesen und
ihres Schöpfers Kraft theilhaftig, die andere aus den
himmlischen Kreisen. Die Seele also, weil sie aus den
Welten in uns herabsteigt, richtet sich auch nach den
Veränderungen der Welt. Die andern hingegen, welche
vom intellektuellen Wesen kommt, ist diesem nicht uns

ter beyde Geſchlechter in ſich vereinigte, Hermia=
phrodit, und ohne Schlaf iſt: ſo wird er doch von
dem, der nicht ſchläft, beherrſcht. — Und darauf,
o mein Verſtand, auch ich liebe das Wort *) —
Poemander hingegen, dies iſt das bis auf dieſen
Tag verborgene Geheimniß. Die mit dem Men=
ſchen vermiſchte Natur zeugte ein Wunder aller
Wunder. Denn da er, wie ich dir geſagt, das
Weſen von der Harmonie der ſieben in ſich hält,
vom Vater und Geiſte ihm gegeben: ſo trug das
die Natur nicht, ſondern zeugte ſogleich, nach dem
Urbilde der ſieben erhabenen, und mit beyden Ge=
ſchlechtern ausgerüſteten Weltherrſcher, ſieben Men=
ſchen. — Und darauf ich, o Poemander, eine
heftige Begierde nimmt mich ein, ich ſehne mich zu
hören, verlaß dieſe Materie nicht — Poemander
hinwiederum, ſey nur ſtill, noch habe ich meine er=
ſte Rede nicht vollendet — Siehe, ich ſchweige —
Die Entſtehung der ſieben, eben gedachten, war
folgende: Die Erde war weiblichen Geſchlechts,**)
und das Waſſer verliebt; vom Feuer bekam es
Reiſe, und von der Luft ***) den Geiſt. ****) Die
Natur

terworfen, durch ſie ſind wir von des Schickſals Ein=
flüſſen frey (l. c.)

*) Eine verdorbene Stelle, wo wahrſcheinlich mehrere
Worte ausgefallen ſind. Dieſe Urſache der Vermiſchung
des erſten Menſchen mit der Materie wüßte ich ſonſt bey
keinem Philoſophen gefunden zu haben.

**) Θηλυκη γαρ Fluſſas verbeſſert richtig γη.

***) εκ δε αιθερος. Fluſſas verbeſſert αερος, dem
Sinne nach richtig, aber nicht durchaus nothwendig;
auch αιθηρ ſteht oft für αηρ.

****) το δε εκ πυρος. Dunkel, vielleicht weil ein Wort
ausgefallen iſt, es läſt ſich nichts als das aus der Erde

Natur brachte Körper nach der Form des Menschen
hervor, und der Mensch wurde aus Leben und Licht,
Seele und Verstand. Aus dem Leben bekam er
Seele, aus dem Lichte Verstand. So blieb alles
in der sichtbaren Welt bis ans Ende einer Periode.*)

Höre nun noch weiter, was du zu hören begehrst. Am Ende der Periode löste sich das Band
aller Wesen nach Gottes Rathschlusse auf; denn
alle vorher Zwitter gewesene Thiere wurden zugleich
mit dem Menschen geschieden, einige wurden männlich, andere weiblich. Sogleich sprach Gott durch
das

und dem Wasser schon gebildete darunter verstehen. Feuer
giebt die Reife, weil Wärme die Materie härtet, und
nach heraklitischen und stoischen Systeme den Dingen
dauerhafte Form giebt. Geist πνευμα ist die Ursache
der Bewegung in den Thieren, von welcher Aristoteles
sagt, daß sie im Herzen wohnt. (Aristot. de Animal.
Mot. 10.) Die Geschlechter der Elemente wüste ich bey
keinem griechischen Philosophen gefunden zu haben.
Jamblich will sie in Hermetischen Schriften gesehen haben: auch giebt es, spricht er, bey ihnen eine andere
Macht über die Elemente, und ihre Kräfte, deren vier
männlichen vier weiblichen Geschlechtes sind. Diese
Herrschaft geben sie der Sonne (de Myst. Aegypt. p. 155.)
In den alten Fabeln der Griechen, so wie anderer noch
rohen Nationen sind noch Spuren davon vorhanden;
wahrscheinlich lehrte man es auch in Aegypten. Eine
Folge jener Zeiten, wo aus Mangel abstrakter Begriffe
alle Wesen personifizirt werden, und von dem Geschlecht
der Wörter in der Sprache, ihre verschiedenen Geschlechter entlehnen.

*) Der Stoff scheint vom Plato entlehnt. Es gab, sagt er,
ehmals doppelte Menschen, die das männliche und weibliche
Geschlecht in sich vereinigten, diese wolten den Himmel
stürmen, zur Strafe, und sie zu schwächen machte Ju-
piter aus ihrer jedem zwey. (Plat. Conviv. p. 1185.)
Aus dieser Fiktion wird hier, durch Zusatz neuer Fiktio-
nen, Ernst gemacht.

das heilige Wort wachſet und mehret euch alle ihr
Geſchöpfe und Werke. *) Der Vernünftige erkenne, daß er unſterblich, daß die Liebe Urſache des
Todes iſt, er erkenne alle Dinge. So ſprach er,
und die Vorſehung veranſtaltete durch das Schickſal,
und die Harmonie die Vermiſchungen, und be-
ſtimmte die Erzeugungen. Alles pflanzte ſein Ge-
ſchlecht fort, und wer ſich ſelbſt erkannt hatte, ge-
langte zum vorzüglichen Gut; wer aber aus ver-
kehrter Liebe den Körper liebte, bleibt im Irrthum herumſchweifend, und empfindet des Todes
Pein. **) —

Was begehen ſie denn, erwiederte ich, für
ein ſo großes Verbrechen, die ſich ſelbſt nicht kennen-
den, daß ſie der Unſterblichkeit beraubt werden? —
Du ſcheinſt, guter Freund, das gehörte nicht erwogen zu haben. Sagte ich dir nicht von Aufmer-
ken?

*) Moſes; ſeyd fruchtbar und mehret euch.

**) Ein den neuern Platonifern und Gnoſtikern gemein-
ſchaftlicher, ſchon aber aus Platos, wo nicht gar Pythagoras Schule, abgeleiteter Satz. Die ſimple Bemerkung liegt zum Grunde, daß wer ſich den körperlichen Ergötzlichkeiten ergiebt, weder guter Menſch, noch
guter Bürger ſeyn kann. Man ſetze für guter Menſch,
er kann die Wahrheit nicht vollkommen erkennen, man
nehme an, daß Wahrheit nur in Gott oder Gott ſelbſt
iſt: ſo ſieht man der Schwärmerey Urſprung. Sie
hat aber auſſer den philoſophiſchen, nur verfeinerten
Spekulationen, auch die dem rohen Menſchen eigene
Vorausſetzung zum Grunde, daß Entſagung des Ver-
gnügens Dienſt Gottes iſt im Orient, ſo gar bey den
Nordamerikaniſchen Wilden findet ſie ſich, und ſtammt
vielleicht daher, daß nur äuſſerſte Anſtrengung und Be-
täubung der Sinne die Phantaſie zu Erſcheinungen
ſpannen kann, daß Prieſter und Wahrſager ſich dieſe auf
der ganzen Erdfläche zueignen, und Gottesdienſt daraus
machen.

ken? — Ich merke auf, und besinne mich, zugleich
danke ich dir — Hast du aufgemerkt, so sage mir,
warum sind die im Tode befindlichen des Todes-
werth? — Weil die grausenvolle Finsterniß ihren
Körper vorher erfüllt. *) Daher entsteht das feuch-
te Wesen, aus ihm besteht der Körper in der sichtbaren Welt, von diesem nährt sich der Tod **) —
Du begreifst es recht, Freund — wie verstehst du
aber, daß man sich in sich selbst zurück ziehen muß,
wel=

---

*) προκατεχεται. Flußas verbessert προκατεχεται
mit Recht; das erste giebt keinen Sinn. οικειον σωμα
giebt er durch amicum corpus; Ficin proprium passender.
Ficin hat hier des Dialogs Ordnung anders; hier seine
Worte: quid tantum delinquunt ignorantes etc. P. vide-
ris o mercuri etc. Tr. etsi nondum etc. P. gratulor si quae
dicta sunt tenes. Tr. responde mihi quaeso Poemander etc.
Gegen den Sinn, und die Folge, wie sich gleich zeigen
wird. Das wieder Kabbalistisch: durch Zurückziehung
des Lichtes entsteht Finsterniß, und diese ist aller Materie Grundlage; die Strahlen des göttlichen Lichtes formen sie zu besondern Wesen. (Bruck. Hist. Crit. Phil.
Tom. II. p. 997. seq.)

**) αρδευεται. Flußas trahitur; Ficin scaturit, gegen den
Sprach-Gebrauch! mors irrigatur, eine orientalische Figur ist so viel, als mors alitur. Mystisch genug gesagt, vielleicht weil der Verf. selbst nicht recht wußte,
was er dachte, der gewöhnliche Fall der Enthusiasten.
Die Menschen sind im Tode, weil ihre Seele in der Materie wohnt, deren Vergänglichkeit Tod ist. Sind des Todes
werth, weil sie sich durch körperliche Vergnügen immer
fester an die Materie binden, und durch Selbst-Kennt-
niß, das ist Gottes Erkenntniß, sich nicht von ihm los-
machen. Denn wer sich selbst kennt, kennt seine Vernunft, wer seine Vernunft kennt, kennt Gott, dessen
Ausfluß und Theil sie ist. So Plato im ersten Alci-
biades.

welches das Wort Gottes hat? — *) Weil, ant=
worte ich, der All=Vater aus Leben und Licht be=
steht, und von ihm der Mensch gezeugt ist —. Gut
gesagt, erwiederte ich, Licht und Leben ist Gott, und
der Vater, von dem der Mensch gezeugt ist. Er=
kennst du also, daß du aus Licht und Leben entspringst,
und daß du aus ihnen bestehst: so wirst du wieder
zum Leben gehen.

— So Poemander; ich aber, sage mir doch
noch, o Verstand, wie soll ich zum Leben kom=
men? — Mein Gott spricht, der verständige
Mensch erkenne sich selbst — **) So haben denn
nicht alle Menschen Verstand? — ***) Richtig, mein
Freund, ich, der Verstand, komme zu den hei=
ligen, ****) rechtschaffenen, reinen und barmherzigen,
die da gottesfürchtig wandeln. Meine Gegenwart
ist ihre Stütze, sogleich erkennen sie alles, und ver=
söhnen den Vater in Liebe, danken ihm lobpreisend,
und zu gesetzten Zeiten liebevoll lobsingend. Ehe
sie

*)! Hier scheint etwas ausgefallen, vermöge des Zusam=
menhanges mußte es heißen: woher kommt es, daß die
Selbst=Erkenntniß die Zurückziehung in sich selbst vom
Tode errettet? Daher daß man sich dadurch der Gotts
heit nähert.

**) εμος φησι γαρ ο θεος &c. Ohne Sinn. Es sind
Poemanders Worte, man lasse γαρ weg, und lese Φη=
σιν: so ist alles klar. Aber wie kann Poemander sa=
gen: mein Gott? Der Verf. bleibt sich selbst nicht ge=
treu, schon oben spricht Poemander von Gott als einem
von ihm verschiedenen Wesen.

***) ου παντες φημι ουν, Flußas wirft φημι gegen
allen Zusammenhang weg. Es ist eine Frage des Her=
mes, denn das gleich folgende ist sichtbar Hermes Beyfall.

****) οσιοις, Flußas setzt ιδιοις — warum? sehe ich nicht, Er=
steres giebt einen guten Sinn.

sie den Körper seinem Tode übergeben, hassen sie
die Sinne, weil sie ihre Macht kennen. Auch ich,
der Verstand, will nicht zugeben, daß die ihnen
vorkommenden Eindrücke des Körpers ihre Gewalt
ausüben, als Thürhüter will ich bösen und schändli-
chen Eindrücken, durch Vertilgung der Gedanken
den Eingang verschließen. *) Aber von den un-
verständigen, bösen, gottlosen, neidischen, geizigen
Mördern und ruchlosen bin ich fern, und übergebe
sie dem strafenden Dämon, der mit durchdringen-
dem Feuer so empfindlich verwundet, **) und sie
noch mehr zu Vergehungen wafnet, um sie größe-
rer Strafe fähig zu machen. Unabläßig spannt er
ihr Begehrungs-Vermögen zu unersättlichen Begierden, ***) im Finstern fechtend verdirbt er sie, quält
sie noch mehr, und schürt das Feuer gegen sie stärker. — ****)

Du

---

*) Jamblich erläutert dies so: wenn des göttlichen Feuers
Macht, und des Lichtes Schein, uns von aussen beherrscht, ganz erfüllt, und in sich schließt, so daß wir
keine eigenthümliche Verrichtungen vornehmen können;
welche Empfindung, welcher Gedanke, und welche eigene
Gewahrnehmung kann denn wohl noch in der das göttliche Feuer aufnehmenden Seele Platz haben? (de. myst.
Aegypt. p. 58.)

**) Θρωσκει αυτον. Flußas dem Sinne gemäß αυτους,
wie auch im folgenden noch ein paarmahl; nur müßte
er auch noch τρωσκει geschrieben haben: der Druckfehler
scheint aus der turnebischen Ausgabe herübergeschlichen.

***) εχων, Flußas ανεχων mit Recht.

****) Auf eine ähnliche Art Jamblich: die Dämonen beschwe-
ren durch ihre Gegenwart den Körper, machen ihn
krank, strafen ihn auch sonst. — (de myst Aegypt. p. 40.).
Gute Dämonen zeigen ihre Werke, und das Gute was
sie ertheilen, strafende Dämonen hingegen lassen aller-
hand Arten von Strafen sehen: Andere böse Dämonen

Du hast mich, o Verstand, alles nach Wunsch gelehrt; aber unterrichte mich noch von dem Hinaufsteigen. — *) Poemander erwiederte, zuerst überlieferst du **) bey der Auflösung des materiellen Körpers diesen Körper der Verwandelung, und deine vorige Gestalt verschwindet. In deinem Betragen folgst du dem Dämon, ***) und die Sinne

Hermes Trismegist.　　B　　lehren

zeigen sich mit grimmigen wilden Thieren umgeben. (p. 41.) Woher diese Theorie sich schreibt, sieht man leicht; aus der Raserey mancher oft schuldiger Menschen. Wer den rasenden Herkules, Oedipus, oder Orest kennt, weiß, daß die Dichter ihre Rasereyen wahren Erscheinungen zuschrieben. Dies noch aus jenen rohen Zeiten, wo jede Art von Verrückung für Inspiration gilt, wie noch jetzt bey den Wilden in Amerika, bey den Türken, die alle Verrückte für Heilige erkennen, überhaupt bey allen, die der Verrückung materielle Ursachen nicht kennen.

*) ανοδος das Hinaufsteigen gebrauchen die neuen Platoniker in doppeltem Sinne. Einmahl für den Zustand der Ekstase, das Anschauen, γνωσις; und dann für die Vereinigung der Seele mit Gott nach dem Tode. Hier die letztere Bedeutung. Nach ihnen kann sie nicht anders, als nach Ablegung aller Unreinigkeit, das ist, aller materiellen Theile geschehen. Folglich müssen alle die Theile, welche nicht aus Gott sind, zurück gelassen werden, und da diese aus dem Planetensysteme entlehnt sind, so läßt die Seele in jedem Kreise das davon genommene. (Plotin. Ennead. VI, IX, 10. Jamblich. p. 175. So auch die Kabbalisten.)

**) παραδιδωσιν tradit, gegen den Sprachgebrauch; weil die andere Person gleich folgt: so glaube ich, muß sie es sowohl hier, als in einigen folgenden Stellen seyn. Also παραδιδως.

***) ανενεργητον. zusammenhängender ευενεργητον. Er nimmt also hier einen die Seele begleitenden Dämon an; eben der nemlich den bey seiner Geburt jeder empfängt, und der ihn das ganze Leben hindurch lenkt. (Jamblich. de Myst. Aegypt. p. 169.)

kehren zu ihren Quellen zurück, werden Theile,
und gehen in ihre ursprünglichen Kräfte zurück; *)
Zorn und Begierde fügen sich zu dem vernunftlosen Wesen. So gehst du dann durch die Harmonie hinauf, **) und überlieferst ***) dem ersten
Kreise das Vermögen zu wachsen und abzunehmen;
dem

*) συνισαμεναι. Flussas verbessert συναινισαμεναι denuo
in sua munera congresse; gegen die Grammatik und
den Sinn. Es ist von dem Verlust der körperlichen
Sinne die Rede: der Zusammenhang will, daß sie sich in
ihr Princip zurückziehen. Kabbalistisch; die aus verschiedenen Kräften zusammengesetzte Seele löset sich nach
dem Tode in ihre Principien auf, und jedes bekommt
den Platz, wo sich die ähnlichen Principien in der Welt
aufhalten. Bruck. Hist. Crit. Phil. Tom. II. p. 1046.

**) ὁρμα, dafür ὁρμας.

***) παραδιδωσι wieder παραδιδως. Die Kabbalisten
geben dem Universum zehn verschiedene Kreise oder
Sphären; und diese werden in vier verschiedene Welten
getheilt. Die andere von oben ist die Welt reiner Geister, und die wird hier wahrscheinlich von dem achten
Kreise verstanden. Aus jedem der Kreise hat die Seele
eine Eigenschaft an sich, die sie ihm nach der Trennung
vom Körper wieder giebt. (Conf. Bruck. II, 5.) Wie
viele, und welche Kreise zu jeder Welt gehören, sagt
uns Bruker nicht, und das dürfte auch so leicht
nicht auszumachen seyn. Die Kabbalisten erklären nie
ihr ganzes System im Zusammenhange, und vergleichen
dessen Theile nie. Bald sprechen sie von den Welten
als Gliedern des Adam Kadmon, bald als Theilen der
Sephirot; ohne doch je beyde Betrachtungsarten unter
sich zu vergleichen. Zu ihrer Dunkelheit trägt auch die
von Hebraismen nicht genug gereinigte Uebersetzung
Knorrens von Rosenroth sehr viel bey. Unser Verf.
hat oben zehn Kreise angenommen, im achten den
Weltschöpfer, im neunten das Wort (λογος), und im
zehnten die höchste Gottheit; folglich ist im achten schon
alles grobe abgelegt.

dem andern die Quelle aller Uebel, den Betrug
ohne Kraft; dem dritten den Betrug der Begierden
ohne Kraft; dem vierten den herschsüchtigen Prahl-
Geist ohne Bestreben; dem fünften die unerlaubte
Kühnheit und die unternehmende Verwegenheit; dem
sechsten die bösen Begierden nach Reichthum ohne
Kraft; dem siebenden die hinterlistigen Lügen. Be-
freyt alsdann vom Einflusse der Harmonieen kommst
du zu der achten Sphäre mit deiner eigenthümlichen
Kraft, und preisest den Vater mit den dort wohnenden. Es freuen sich die Anwesenden über die
Ankunft, den Gesellschaftern ähnlich gemacht ver-
nimmt er die Mächte über der achten Sphäre, welche mit einer ihnen eigenthümlichen Stimme Gott
loben. In Reihen gehen sie alsdann zum Vater
hinauf, sie selbst übergeben sich zu Mächten, und
Mächte geworden, bleiben sie in Gott. Dies ist
das herrliche Ende derer, die da zur Erkenntniß gekommen sind, daß sie Gott werden. *) Warum
zauderst du noch, als ob du nicht alles empfangen
hättest, der würdigen Leiter zu werden, damit das
Menschengeschlecht durch dich von Gott erhalten
werde.? **) —   B 2   So

*) Von Vergötterung reden doch die Kabbalisten nicht;
dies also ist Zusatz aus Griechischer Philosophie, als welche größtentheils die Seelen für gleiches Wesens mit
Gott hält, folglich eine Rückkehr in der Gottheit un-
ermeßliches Meer, das ist, Vergötterung, annimmt.
Aus dem Kreise der Weltseele nemlich geht die Seele
in den neunten zum λογος, von da zur Gottheit selbst.
Mächte (δυναμεις) sind hier die im neunten Kreise
befindlichen Geister. Ein biblischer Ausdruck, den
Neu-Platoikern meines Wissens nicht gebräuchlich.

**) σωθη. Dies Wort sowohl, als der Sinn selbst lei-
ten auf christliche Ideen. Hermes wird also hier als
Weltheiland aufgeführet.

So sprach zu mir Poemander, und verlohr sich unter den Mächten. — Ich aber, dem All=Vater dankend, ihn preisend, stund von ihm gestärkt auf, ausgerüstet mit Kenntniß der Natur des Alls, und dem Anschauen des erhabensten Schauspiels. *) Ich bin gekommen, den Menschen der Gottesfurcht und des Anschauens Schönheit zu verkünden. Ihr Völker, Söhne der Erde, die ihr euch der Trunkenheit und dem Schlafe ergeben habt, werdet nüchtern; höret auf, in Trunkenheit dahin zu taumeln, und euch am vernunftlosen Schlafe zu weiden.

Sie hörten es, und kamen einmüthig heran. Ich aber sprach zu ihnen, warum überliefert ihr euch, ihr Erdensöhne, dem Tode, da ihr der Unsterblichkeit theilhaftig werden könnet? Thut Buße, ihr, die ihr Irrwege gefolgt seyd, **) und an Unwissenheit Theil habt. Entfernet euch von dem dunklen Lichte, verlaßt das Verderben, und nehmt hin die Unsterblichkeit. Einige entfernten sich mit eitelm Geschwätze, und wandelten den Weg des Todes; andere warfen sich zu meinen Füssen, um Unterricht bittend.

Ich hieß sie aufstehen, wurde ihr Wegweiser, und lehrte sie, wie und auf welche Art sie seelig werden könnten. Ich säete unter sie Reden der
Weis=

---

*) γνωσεως; dies mehrmals vorkommende Wort bezeichnet das durch Ekstase bewerkstelligte Anschauen Gottes, und der Intellektual=Welt. Nimmt man das zu, daß christliche Ideen hier vorkommen: so wird man nicht zweifeln, daß der Verf. ein Gnostiker war.

**) μετανοησατε, ein neutestamentlicher Ausdruck, vermöge der Verbindung hier wohl in keinem, als biblischen Sinne zu nehmen.

Weisheit, und sie nährten sich vom ambrosischen Wasser. *) Als es Abend geworden, und der Sonnen Glanz verschwunden war, hieß ich sie Gott danken; und nach vollendetem Dank = Gebete gieng jeder an seinen eigenen Ruheplatz. Ich aber schrieb Poemanders Wohlthat in mein Herz, und voll reiner Wünsche freute ich mich. Des Körpers Schlaf wurde Nüchternheit der Seele; das Verschließen der Augen wahrhaftes Sehen, mein Stillschweigen schwanger vom Guten, und meine Reden Kinder des Guten. Dies wiederfuhr mir, weil ich es von meinem Verstande, das ist Poemander, dem selbstständigen Worte, empfangen hatte. Von ihm mit der Wahrheit angehäuft, **) bin ich gekommen, und darum gebe ich von ganzer Seele und aus allen Kräften Gott dem Vater die Ehre.

Heilig ist Gott, der All = Vater; heilig der Gott, dessen Wille durch seine eigene Mächte geschieht, der da erkannt seyn will, und von den Seinen erkannt wird. Heilig bist du, der du durch das Wort alles geschaffen hast; heilig du, dessen Bild die ganze Natur ist; heilig du, den die Natur nicht abbilden kann; heilig du, über alle Mächte mächtiger; heilig du Großer über alle Größe; heilig du über alles Lob Erhabener. Nimm an vernünftige Opfer, von Seel und Herz rein hinauf zu dir geschickt, o Unaussprechlicher, Unnennbarer, in der Stille angerufener, schenke mir, der ich

B 3   um

---

*) ετραφησαν εκ του αμβροσιου υδατος, Wasser der Unsterblichkeit, führt gerade auf die Taufe. Sie hatten seine Lehre angenommen, sich bußfertig bewiesen, ihn zum Wegweiser gewählt; was bliebe also übrig, als die Taufe?

**) Θεοπνους, wer denkt hiebey nicht an die Inspiration?

um Befreyung von Fehltritten flehe, Einsicht, die unserer Natur angemessen ist, stärke mich, und erleuchte mit deiner Gnade meine unwissenden Brüder, deine Kinder. Durch dich glaube ich, zeuge von dir, und gehe zum Leben und Lichte. Sey gepriesen, o Vater, dein Mensch sehnt sich gleich dir heilig zu werden, wie du denn ihm alle Macht gegeben hast.

Anderes Hauptstück.

Hermes Trismegists allgemeine Unterredung mit Aeskulap. *)

Gott ist das Gute.

Es ist entweder Gott, oder göttlich, ich rede nemlich jetzt nicht vom entstandenen, sondern dem anfangslosen. **) Ist es göttlich: so ist es auch mate=

---

*) προς τατ Flussas richtig ασκλnπιον, wie die Folge lehrt.

**) το θειον, der Artikel überflüßig. Der abgebrochene Anfang giebt zu erkennen, daß etwas fehlt; dies ist aus Johann von Stobi offenbar. Dieser führt noch folgendes vorher an: Wird nicht, Aeskulap, alles bewegt, in einem andern und durch etwas anders bewegt? — Freylich. — Muß nicht das, worinn es sich bewegt, größer, als das Bewegte, seyn? — Nothwendig — Ist nicht auch das Bewegende stärker, als das Bewegte? — Allerdings — Müssen nicht das, worinn es sich bewegt, und das Bewegte, entgegengesetzter Natur seyn? — Freylich — Ist nicht diese Welt groß, so, daß sie kein Körper an Größe übertrifft? — Offenbar — Auch solide, denn sie ist mit andern Kör=

materiell; *) wenn aber Gott, so ist es immate-
teriell.

Auf eine andere Art stelle dir dies so vor: **)
Der oberste Gott ist uns, nicht aber sich selbst denkbar, weil das Denkbare dem Denkenden durch Empfindung bekannt wird. ***) Gott also kann sich
selbst sich nicht vorstellen, denn er ist von dem Vorge-

B 4   stellten

pern angefüllt, die groß und zahlreich sind, oder richtiger mit allem, was Körper ist? — Ja — Ist nicht
die Welt ein Körper? — Körper — Und bewegt? —
Ja — wie groß also, und von welcher Natur muß der
Ort seyn? Nicht weit größer, als die Welt, um die
ununterbrochene Bewegung faßen zu können, und damit das Bewegte nicht vom engen Platze aufgehalten
werde? — Es muß sehr groß seyn, Trismegist —
Und von welcher Natur? Nicht dem Körper entgegengesetzt, mein Aeskulap? Nun ist zugestanden, daß das
Unkörperliche dem Körperlichen entgegengesetzt ist, folglich ist der Ort unkörperlich. Das Unkörperliche aber
ist entweder göttlich, oder Gott. (Stob. Eclog. Phys. I.
p. 39.) — Auch dies scheint noch nicht der rechte Anfang, es ist noch zu abgebrochen, und das etliche mal
vorkommende ωμολογηται geht auf vorhergehende
Beweise. Der zu beweisende Satz scheint: der Raum
ist Gott. Nach den Ideen der Griechen sind die Sterne
zwar Götter, aber nicht der höchste Gott, also das Göttliche materiell; aber Gott selbst nicht. So Plato und
Aristoteles; der Schluß also dieser: der Raum ist nicht
materiell, folglich nichts göttliches, sondern der höchste
Gott selbst.

*) ϰοιωδες, ϰοια gebraucht Aristoteles für theilbare und
materielle Substanz. (Met. IV, 8.)

**) αλλως δε νοητος ουτως giebt keinen Zusammen-
menhang. Er trägt hier einen andern Beweis vor,
was also natürlicher, als zu lesen νοηοον?

***) Zielt auf den Aristotelischen Satz: nihil est in intellectu
quod prius non fuerit in sensu

ſtellten nicht verſchieden, daß er ſo ſich ſelbſt ſich vor=
ſtellen könnte. *) Von uns aber iſt er verſchieden,
und darum können wir uns ihn auch vorſtellen. Iſt
der Ort denkbar: ſo iſt es auch Gott, nun aber iſt
es der Ort. **) Denkt man ihn als Gott: ſo wird
er nicht als Ort, ſondern als eine umſchließende
Kraft gedacht. ***) Alles Bewegte nemlich bewegt
ſich nicht im Bewegten, ſondern im Ruhenden, die
Urſache der Bewegung ruht, weil ſie ſich unmöglich
mit ihm zugleich bewegen kann. ****)

— Aber, Trismegiſt, wie können ſich die auf
Erden befindlichen Dinge zugleich mit den beweg=
ten bewegen, du ſagteſt ja *****) daß die Plane=
ten=

---

*) Gott kann ſich ſelbſt ſich nicht vorſtellen, weil er ſonſt
von ſich ſelbſt verſchieden ſeyn müßte, denn das Vorſtel=
lende und Vorgeſtellte müſſen zwey Weſen ſeyn. Ein
neu = Platoniſcher Satz! Plotin bedienet ſich dieſes Be=
weiſes auch. (Ennead. II, IX, 1.)

**) Daß Gott denkbar iſt, ſchließt er daraus, daß es der
Ort oder der Raum iſt. Gott nemlich umſchließt nach
Ariſtoteliſchem Syſteme das All, hat folglich mit dem
Orte Aehnlichkeit, denn dieſer iſt hier die äußerſte Gränze
des Weſens, worinn ein gegebenes eingeſchloſſen iſt.
Wie die Stelle da ſteht, hat ſie keinen Sinn; iſt mei=
ne Vorausſetzung richtig: ſo leſe man: ει δε ϝϲητοϲ
ὁ τοποϲ· και ὁ θεοϲ.

***) Soll Gott vom Orte unterſcheiden. Gott iſt nicht der
Ort, obgleich ihm ähnlich; denn Gott iſt Kraft, Ort
nicht. Auch hier der Text fehlerhaft, man leſe ει δε
ὡϲ θεοϲ (ſc. ϝϲεται) ουχ ὡϲ τοποϲ etc.

****) Geht auf den Ariſtoteliſchen Satz, daß die erſte Urſa=
che aller Bewegung unbewegt iſt. (Ariſtot. Phyſ. VIII, 6.
Plato hingegen nahm das ſtets Bewegte, und ſich ſelbſt
Bewegende dazu an. (Phæd. p. 122. & alibi.)

*****) eϞϲ. Hievon bisher noch kein Wort, alſo iſt der An=
fang dieſer Schrift verloren.

tenkreise von dem Unbewegten bewegt werden? —
Dies ist, Aeskulap, nicht Bewegung, sondern entgegengesetzte Bewegung. Denn sie bewegen sich
nicht nach einerley, sondern entgegengesetzter Rich-
tung. In diesem Gegensatze ist das Gegeneinan-
derstreben der Bewegung Stillstand, weil die Reaktion Stillstand der Bewegung ist, *) Weil also
die bewegten Kreise sich dem Ruhenden entgegengesetzt bewegen: so werden sie auch von einander
durch ihre entgegengesetzte Zusammenkunft, von der
ruhenden aber durch eben diesen Gegensatz bewegt. **)

Anders kann es nicht seyn, denn jene Bären,
die du weder auf, noch untergehen siehst, sondern
sich stets um einen Punkt drehen, glaubst du sie bewegt, oder nicht? — Bewegt, mein Trismegist — Nach welcher Bewegung, Aeskulap? —
Nach der sich um einen Punkt drehenden — Diese Kreisbewegung, und dies Drehen um denselben
Punkt wird durch Ruhe hervorgebracht. ***) Denn

B 5 dre-

---

*) σωσεως εςι Φορα verstehe ich nicht wohl, aber σα-
σις Φορας, Reaktion nemlich setzt Stillstand voraus;
weil ein durchaus keinen Augenblick still stehender Körper
auch nicht zurück wirken kann. So auch der Stobenser.

**) Alles Bewegte bewegt sich im Ruhenden; eine Sphä-
re bewegt sich in der andern nach Ptolemäischen Systeme; also ist jenes falsch. Antwort nein, die entgegengesetzte Bewegung setzt Stillstand voraus, und dies entgegengesetzte Bestreben verursacht eben die Bewegung.
Auch dieses Räsonnements Zusammenhang sehe ich
nicht, vermuthlich weil der Text noch in zu schlechten
Umständen ist.

***) η δε περιΦορα το αυτο ohne Sinn; der Stobe-
er richtiger: η δε περιΦορα η περι το αυτο κινησις εςι υπο. ϛασεως κατεχομενη.

drehen um einen Punkt hindert das Hinauffteigen;
und so wird die entgegengesetzte Bewegung Ruhe,
weil sie durch den Gegensatz in feste Gränzen ge-
schlossen wird. *) Hievon will ich dir ein einleuch-
tendes Beyspiel nennen. Betrachte einmal die
Land-Thiere, den Menschen z. B. im Schwimmen:
indem das Wasser stets hinab läuft, bringt das Ge-
genstreben mit Händen und Füssen Ruhe hervor,
so, daß der Mensch nicht vom Wasser hinunter getrieben wird. — Du hast, Trismegist, da ein
sehr auffallendes Beyspiel gegeben — Alle Bewegung also erfolgt in Ruhe und durch Ruhe. Die
Bewegung der Welt, überhaupt jedes materiellen
Thieres, wird nicht von Dingen außer dem Körper, **) sondern vom innerlichen nach auffen, der
Seele oder dem Geiste, oder einem andern unkörperlichen

---

*) Φορα εδραια verstehe ich nicht; der Stobenser richti-
ger: ουτω και η εναντια Φορα εστηκεν εδραια.
Er will darthun, daß durch Kreisbewegungen Bleiben in
einem Orte erzeugt wird. Dies vollständiger so: Was
sich um einen Mittelpunkt bewegt, könnte sich auch in
gerader Linie nach oben oder unten, oder seitwärts bewegen; also muß eine Ursache seyn, die dies hindert.
Nach oben kann es nicht, sonst würde es sich nicht um
den Punkt drehen, also auch nicht seitwärts, folglich
auch nicht nach unten; vornemlich da der obere Kreis
diese Entfernung nach oben hindert. Also muß es in
demselben Orte bleiben.

**) κατεκτος του κοσμου. Fluffas extra mundum. Auch
Ficin, gegen allen Zusammenhang, denn er will darthun, daß die Thiere durch ein inneres geistiges Princip bewegt werden. Der Stobenser richtiger: η ουκ
κινησις του κοσμου ουχ υπο των κατ εκτος
του σωματος. Woher das genommen seyn mag, ob
aus des Verf. eigenem Gehirn? weiß ich nicht.

perlichen Wesen hervorgebracht. Denn ein Körper bewegt kein lebendes Wesen, auch alle Körper einander nicht, wenn sie leblos sind. *) Wie verstehst du das, Trismegist? Ist nicht, was Holz, Steine und beseelte Wesen bewegt, alles Körper? — keinesweges, Aeskulap; denn was in dem Körper dessen befindlich ist, der das Leblose bewegt, und beyde Körper bewegt, sowohl des tragenden, als des getragenen, das ist kein Körper. **) Folglich kann ein lebloses das andere nicht bewegen. ***) Daher siehst du auch, daß die Seele beschwert wird, wenn sie allein zween Körper tragen muß.

Hieraus ergiebt sich, daß alles Bewegte in etwas und durch etwas bewegt wird. — Was sich bewegt, muß sich im leeren Raume bewegen. — Du erinnerst mich hieran zur rechten Zeit, Aeskulap,

---

*) Der Stobenser richtiger: σωμα γαρ εμψυχον ου κινει — σωμα καν η αψυχον.

**) σωματος το κινουν, Fluſſas του κινουντος mit Recht.

***) το καθευδον, Fluſſas καθεαυτον noch nicht zureichend; denn worauf soll es gehen? Fluſſas übersetzt quocirca animatum est per se ipsum, quandoquidem mouet; gegen das Raisonnement: denn er will zeigen, nicht daß das Beseelte bewegt, sondern daß der Bewegung unmittelbare Ursache etwas Beseeltes ist. Der Stobenser liest richtig: αψυχον ουκ αψυχον κινησει. Diese ganze Stelle steht in Stob. Eclog. Phyſ. I. p. 41. Auch dieser ist sehr fehlerhaft: unbeträchtliche Verschiedenheiten habe ich übergangen. Das Raisonnement hängt noch so nicht zusammen; durch des Verfassers, oder des verdorbenen Textes Schuld? Scharf zu denken scheint, so sehr er sich auch die Miene giebt, seine Sache nicht; er hatte, nach dem Sprichworte, die Glocken läuten gehört, wußte aber nicht, wo sie hiengen.

lap, es giebt nichts leeres, nur was nicht existirt, ist leer, und vom Daseyn entblößt, ein wirkliches Leere aber kann durchaus nicht vorhanden seyn — So giebt es denn gar nichts dergleichen, mein Trismegist? Man hat ja doch leere Gefäße, leere Becher, ganze Flüsse, und manche andere dergleichen Dinge — *)

Pfuy des Irrthums, was vorzüglich voll und gestopft ist, **) hältst du, Aeskulap, für leer. — Wie sagst du, Trismegist? — Die Luft ist ein Körper, ***) und dieser Körper durchdringt er nicht alle, und erfüllt sie im Durchdringen? Ist nicht sie ein aus Körpern gemischter Körper? ****) Alles also, was du leer nennst, ist voller Luft, *****) mithin auch voll der vier Körper. ******) Hieraus folgt

*) Johann von Stobi ließ hier ουδε εν των οντων κενον εςι τω της υπαρξεως λογω, etc. Kein existierendes ist des Wesens der Existenz beraubt, und was existiert, könnte nicht existieren, wenn es nicht des Daseyns voll; das Leere kann nie ein existierendes Etwas werden. — Giebt es also, Trismegist, keine leere Dinge, z. B. Gefäße, Becher, Keller und andere dergleichen Dinge? (Stobæus l. c.) unstreitig vorzüglicher!

**) μεγιςα, der Stobenser μεςοτατα, richtiger.

***) Der Stobenser so: ist nicht Luft Körper? — Freylich —

****) κεκραμενον συνεςηκε Stob.; nicht sehr verschieden. σωματων Stob. τεσσαρων, den Elementen nemlich; besser.

*****) μετα δε Stob., verdorben.

******) των τεσσαρων σωματων. Geht auf den Aristotelischen Satz, daß die Elemente sich in einander verwandeln, folglich jedes alle werden kann, also auch die Luft alle in sich hält. Der Stobenser setzt noch hinzu: ει δε του αερος και των τεσσαρων σωματων, richtiger.

folgt gerade das Gegentheil, daß nemlich, was du
voll nennst, von Luft leer ist; weil andere Körper
den Platz einnehmen, und der Luft keinen lassen; *)
Was du also leer nennst, muß man hohl nennen,
nicht aber leer, weil es von eingeschlossener Luft voll
ist. — **) Gegen deinen Beweis, Trismegist,
läßt sich nichts einwenden; die Luft ist ein Körper,
und zwar ein solcher, der alles durchdringt und
durchdringend füllt. ***)

Wie aber wollen wir den Ort nennen, worinn
sich alles bewegt? — Unkörperlich, Aeskulap —
Und was ist denn unkörperlich? — Der Verstand,
das denkende Wesen, ****) das sich selbst ganz umschließt, und von allem Körper frey, das unbewegt
ist, von keinem Körper etwas leiden, nicht berührt
werden kann, das in sich selbst unveränderlich, alles
umfassend, aller Dinge Erhalter ist; dessen Strahlen das Gute, und Wahrheit sind, das ursprüngliche Licht, der Seele Urquelle. *****) Gott also
ist

---

*) Der Stobenser richtiger, εκεινων ὑπ' αλλων σωμα-
των ςενοχωρουμενων, και μη εχοντων δεξαδθαι
τον αερα. Ein Paar kleine Versehen habe ich weggelassen.

**) υπαρχει γαρ και μεςα εςιν, der Stobenser besser,
ὑπαρξεις γαρ.

***) τουτο δε το σωμα ου΄ flassas ὁ, aber noch nicht
ausreichend; der Zusammenhang entweder, daß ὁ weg
bleibe, oder τοιουτο δε σωμα, ὁ gelesen werde, der
Stobenser hat diesen Zusatz nicht, er ist auch überflüßig.

****) λογος, der Stobenser ὁλος, besser.

*****) Hier werden an Aristotelische Ideen, Orientalische,
oder neu-Platonische geknüpft. Hatte Aristoteles Gott
für Licht gehalten, so konnte es ihm an einem eigentlichen Namen seiner ganzen Natur nicht fehlen. Man

ist also keins von diesen allen, aber er ist, und ist des Daseyns aller dieser Ursache, ihrer aller, auch jedes Theiles jeder dieser Dinge. Er hat nichts übrig gelassen, das nicht wäre. Alles, was wird, wird aus Etwas, durchaus Nichts aber aus Nichts, denn was nicht ist, kann auch nicht werden; *) um-gekehrt, was ist, kann unmöglich Nichts werden. Von wem also willst du sagen, es sey nicht gewe-sen? **) Gott.

weiß, daß diese Philosophen, ohne etwas selbst zu em-pfinden, die entgegengesetztesten Systeme zu vereinigen suchten.

*) αλλα του μη δυναδαι τι το γενεδαι, ohne Sinn! streicht man το weg: so ist es Wiederhohlung des vorhergehenden mit andern Worten, also Erläute-rung. Diese Beschreibung gut Plotinisch: das Eines selbst, sagt er, ist alles, und doch Keins von allen. (En-nead. V, II, 1.) Man sieht übrigens deutlich, daß er den Raum Gott nennt. Newton und Clarke sehen ihn wenigstens als Gottes Eigenschaft an. Vielleicht war dies auch Aristoteles eigentliche Idee, wenigstens passen hierauf die von ihm angenommenen Eigenschaften Got-tes am besten. Die unbewegliche Sphäre ist nach ihm die letzte, und diese Gott: Gott aber hat keine Theile, keine körperliche Ausdehnung (μεγεθος) und ist durch-aus unveränderlich; alles Eigenschaften des Raumes. Raum (τοπος) durfte er ihn nicht nennen, weil er in der Welt keinen von den Körpern verschiedenen Raum oder Ort, mithin auch kein Vakuum annahm. Es blieb ihm also nichts übrig, als dunkel und räthselhaft von dieser quinta natura zu sprechen, weil er keinen Na-men dafür hatte; und eine Sache ohne eigenthümlichen Namen allemal räthselhaft wird. (Aristot. Phys. VIII. possim.)

**) τι ουν φης του μη ειναι ποτε; hat keinen Sinn. Aus dem vorhergehenden ist die natürlichste Folge, daß eigentlich nichts entsteht und vergeht; also müßte es wohl heissen; τι ουν φης μη ειναι ποτε;

Gott daher ist nicht der Verstand, sondern Ursache, daß Verstand ist, *) nicht Geist, noch Licht, sondern Ursache des Lichts. Gott also muß man unter diesen beyden Namen verehren, die ihm allein, und keinem andern zukommen. Keiner von den andern sogenannten Göttern, oder Menschen, oder Dämonen, kann in irgend einem Grade gut seyn, außer Gott allein; dies allein ist er, und nichts anders. Alles übrige kann das Wesen des Guten nicht fassen; **) denn es ist Körper, oder Seele, ***) welche beyde keine Sinne haben, das Gute zu fassen. Denn das Gute ist so groß, als alles existirende, Körper und Geister, sichtbare und denkbare. Dies ist Gott. Nenne also nichts anders gut, denn du würdest eine Gotteslästerung begehen; nichts anders Gott, als nur das Gute, denn auch so würdest du ihn lästern. ****)

Zwar

*) αιτιος δε του ειναι, aus der Folge ergiebt sich, daß entweder Φως hier ausgefallen, oder wenigstens zu verstehen ist.

**) τα δε αλλα παντα χωρητα, Fluffas diuulsa. Dann müßte stehen χωρισα; die Folge lehrt: ου χωρητα non capacia.

***) σωμα γαρ εςι και ψυχη, schicklicher wohl η ψυχη.

****) Wieder Plotinisch; das Gute, sagt er, ist über alles Wesen erhaben, über alle Handlung, Verstand und Vernunft. Dies muß unverändert fortbauern, und alles auf sich richten, wie der Kreis sich um seinen Mittelpunkt dreht, aus dem alle entstehen. (Ennead. I, VII, 1.) Es ist aller Dinge Princip, bringt aus sich Verstand, Existenz, Seele, Leben hervor; es herrscht in der Intellektual-Welt. (I, VIII, 2.) Gott also kann auch nicht der Verstand seyn, weil er sonst nicht aller Dinge Urheber seyn würde. Daher borgt auch Plotin alt-Eleatische Ausdrücke, und nennt Gott das Wesen, (ΤΟ ΕΝ) vorzugsweise. Dies ist aller Mißdeutungen

Zwar nennen alle das Gute; aber nicht alle
wissen, was es ist. Darum wissen auch nicht alle,
was Gott ist, sondern aus Unwissenheit nennen sie
sowohl Götter, als auch einige Menschen gut, die
doch nie es seyn, noch werden können. Dies ist,
Gott durchaus unanständig, weil das Gute, da
es Gott selbst ist, von Gott unzertrennlich ist. Alle
übrigen unsterblichen Götter also werden zwar mit
Gottes Namen beehrt; Gott aber allein ist doch
das Gute, nicht Ehren halber, sondern wesentlich.
Denn Gottes einziges Wesen ist das Gute, und
beyder Geschlecht Eins, aus dem alle übrigen Ge=
schlechter entspringen. Der Gute giebt alles, und
empfängt nichts; Gott also giebt alles, und em=
pfängt nichts. Gott also ist das Gute, und das
Gute Gott. *) Sein

---

bes alt=Eleatischen Systems einzige Quelle, daher wol=
len Simplicius, Philopon, und alle neuere Commenta=
toren durchaus, daß Xenophanes, Zeno, Parmenides unter
dem ὄν und ἕν nur die höchste immaterielle Gottheit
verstanden haben soll, und Aristoteles muß bey ihnen,
so wie bey ihren Nachfolgern unter den Neuern, vor=
setzlicher Verdreher seyn.

*) So spricht auch Plotin: sein höchstes Geschlecht ist τὸ
ἕν, oder das Eine; und das Eine ist auch zugleich das
Gute. Kann, spricht er, nichts besser seyn, als das,
von dem alles ist, und ist alles übrige weniger gut: so
folgt, daß das Gute unter allem das beste ist. Ja, es
muß sich selbst allgenugsam, und keines andern bedürf=
tig seyn. (Ennead VI, VII, 23.) Daß alle Geschlechter
aus dem Eins entspringen, sucht Plotin weitläuffig und
räthselhaft darzuthun. Nutzen würde das vielleicht ge=
habt haben, wenn er aus einem allgemeinen Begriffe
die andern abzuleiten gesucht hätte. So aber scheint
er darauf auszugehen, sie als Wirkungen eines einzigen
zu erklären, freylich, nachdem er sie vorher in das Prin=
cipium gelegt hatte. (Ennead. VI, II, 1. sqq.)

Sein anderer Name ist Vater, abermals weil er alles hervorbringt. Denn des Vaters ist hervorbringen, und daher ist die größte und gottesfürchtigste Beschäftigung der Verständigen in diesem Leben, Kinder zu zeugen; und das größte Unglück; die größte Sünde, Kinderlos diese Welt zu verlassen. Ein solcher wird nach dem Tode noch von den Dämonen bestraft, und ihre Strafe ist diese: Die Seele des Kinderlosen wird verurtheilt, in den Körper eines Geschöpfs zu gehen, das weder männlich, noch weiblich ist, welches von der Sonne verflucht ist. Du also, Aeskulap, habe keinen Umgang mit einem Kinderlosen, *) vielmehr bedaure sein Schicksal, da du weißt, welche Strafe seiner wartet. Dies sey dir, Aeskulap, als Einleitung in die Kenntniß aller Dinge gesagt.

---

*) συνηϑης confidens Flussas; von ἡμαι, doch wohl nicht, von ἡδομαι giebt keinen Sinn; wahrscheinlich also wohl σύνηϑης γένου.

**) Auch dies nahmen die Eklektiker vom Plato: Seelen, die sich als Menschen betragen haben, gehen wieder in menschliche Gestalten; die nur den Sinnen gefolgt sind, in unvernünftige Thiere. (Plotin. Ennead. III, IV, 2.) Ob er hier den Kinderlosen nach dem Tode in einen Hermaphroditen bannt, ist nicht ganz klar, doch scheint es. Die Folgerung selbst scheint in seinem eigenen Gehirne entstanden. Enthusiasten pflegen sonst die Fortpflanzung des Geschlechts für etwas zu grobes und materielles zu halten.

Drittes Hauptſtück.

Hermes Trismegiſts heilige Rede.

Entſtehung der Welt aus dem Chaos.

Aller Weſen Ehre iſt Gott, und die Gottheiten und das göttliche Weſen. *) Aller Anfang iſt Gott, der Verſtand, die Natur, die Materie und Weisheit, die alles ans Licht brachte. **) Gott und Natur ſind Princip, Kraft, Nothwendigkeit, Ende und Erneuerung. Denn es war gränzenloſe Finſterniß in der Tiefe, und Waſſer, und feiner verſtändiger Hauch, die durch göttliche Kraft im Chaos wohnten. ***) Ein heiliges Licht brach hervor,

---

*) δοξα παντων, giebt freylich keinen rechten Sinn, vermuthlich iſt hier, wie vorher der Anfang weggefallen. Auch das Folgende iſt ſo räthſelhaft, daß ich keine Erklärung wagen darf. Solche abgeriſſene Sätze bekommen erſt in der Verbindung mit einem Syſteme ihren Sinn, ohne die läßt ſich aus ihnen alles machen. Er ſetzt Materie unter die Principien: den Neu-Platonikern iſt ſie nicht einmal etwas reelles, ſondern bloße Privation. Er nimmt alſo, wie auch das folgende zu ſagen ſcheint, die Materie für ewig an, doch von Gott verſchieden. Dies nähert ſich mehr dem Alt-Platoniſchen Syſteme. Doch iſt er auch hier orthodox; Nothwendigkeit zählte wenigſtens Plato nicht unter die Principien, und Gott wird zur Schöpfung nur durch Güte bewegt.

**) σοφια εις δειξιν απαντων ων, sapientia in argumentum omnium eorum quæ sunt. Stuſſas. Ficin über-geht es ganz, weil es keinen Sinn hat. Wie wenn man alſo läſe? σοφια εις δειξιν απαντ' αγουσα.

***) σκοτος ſcheint, weil es vom Waſſer unterſchieden wird, die urſprünglichen Erdtheilchen zu bezeichnen. Ob aus dieſer groben Materie die Gottheit gemiſcht war?

vor, und aus dem feuchten Wesen wurden von ihm
die Elemente gebildet, *) und alle Götter durch
Theilung der Saamen-Materie. **) Weil alles
ungeschieden und ungebildet war: so schied sich das
Leichte nach oben, das Schwere aber legte sich unter feuchtem Sande zum Grunde, nachdem alles
durchs Feuer gesondert, und in der Höhe befestigt
war, daß der Hauch es bewegen konnte. Es er-
schien der Himmel in sieben Kreisen, und die Götter sichtbar in den Gestalten der Sterne, nebst allen ihren Zeichen, und wurden mit den in ihnen
wohnenden Göttern an ihre Stellen gesetzt. ***)
Mit Luft wurden die Sphären bekleidet, die sich in
einem Kreise, durch Gottes Hauch, herumdreht.

C 2 Und

Die Stellung der Worte, und das folgende besagt es,
das System kurz hies: ursprünglich eine Mischung aller
Wesen; vermöge der Leichtigkeit erhob sich daraus ein
leuchtendes feuriges Wesen, darauf trennten sich die
übrigen Elemente nach ihrer Schwere, jedes nahm seinen Platz, Feuer und Licht bildeten die Planeten, diese
nach und nach die Erde, und so entstunden auch Thiere.
Völlig nach dem Sinne Heraklit's, Empedokles, und
der ältern, ehe noch Anaxagoras Gottes abgesondertes
Daseyn deutlich gelehrt hatte; denn vor ihm ließ man
alles aus einer gemeinschaftlichen Masse entstehen.

*) ὑπ᾽ αμμω, nicht sehr verständlich; wie wenn ὑπ᾽
αυτω? Gleich unten kommt es noch einmal vor, den
eigentlichen Sinn sehe ich nicht.

**) και θεοι παντες καταδιαιρουσι φυσεως εν-
σπορου, gegen den Sprach-Gebrauch, Ficin diique
omnes naturam seminalem deligebant. Ich vermuthe
και θεοι παντες, sc. επαγησαν, κατεδαιρε-
θεισης φυσεως ενσπορου.

***) εν αυτῆς, Fussas verbessert εν αυτοις mit Recht.

Und jeder Gott brachte das ihm aufgetragene durch eigne Macht hervor; es entstanden Thiere, vierfüßige, kriechende, schwimmende und fliegende, aller Saame, der gesäet wird, und Gras, und aller Blumen Kraut brachten ihrer Erneuerung Saamen in sich selbst hervor. *) Sie bildeten Menschen zu Erkenntniß der Werke Gottes, und wirksamen Zeugen der Natur, und Menge von Menschen zu Beherrschern alles, was unter dem Himmel ist, **) zur Erkenntniß des Guten, daß sie wuchsen im Wachsthum, und sich mehrten in Menge; Bildeten alle Seelen an Fleisch durch den Lauf der sich im Kreise bewegenden Götter ***) zum Schauen des Himmels, des Laufes himmlischer Götter,

---

*) ΕΝ ΑΥΤΟΙΣ ΕΣΠΕΡΜΟΛΟΓΟΥΝ. ΤΑΣ ΤΕ ΓΕΝΕΣΕΙΣ Hier fehlt für das folgende ein Zeitwort. Mit einer kleinen Aenderung der Unterscheidungs-Zeichen, und eines Wortes Zusatz, kommt mir alles deutlich vor. So nemlich: ΕΝ ΑΥΤΟΙΣ ΕΧΟΝΤΕΣ. ΕΣΠΕΡΜΟΛΟΓΟΥΝ ΤΕ ΤΑΣ etc. Die ΠΑΛΙΓΓΕΝΕΣΙΑ scheint hier etwas Heraklitischen und Empedokleischen Lehren ähnliches zu sagen. In der Folge sagt er: alles soll aufgelöset, und durch Nothwendigkeit von den Göttern wieder erneuert werden. Jene Philosophen nemlich lehrten, das Universum kehre nach gewissen Perioden wieder in seinen chaotischen Zustand zurück, und aus dem wieder in ordentliche Welten. Nicht weil die Gottheit, sondern der Materie Natur es will. Dies stimmt auch mit jenen Sätzen von aller Dinge Entstehung aus dem Chaos am besten überein.

**) ΚΑΙ ΠΑΝΤΩΝ. Flussas ΕΙΣ richtiger.

***) ΔΙΑ ΔΡΟΜΗΜΑΤΟΣ ΘΕΩΝ ΕΓΚΥΚΛΙΩΝ ΤΕΡΑΣΠΟΡΙΑΣ Ein Substantiv überflüßig, ich vermuthe das letztere. Sind die Gestirne, welche gleichfalls in den Welt-Bau Einfluß haben. Das Wachsen und sich Mehren, ein mosaischer Ausdruck.

Götter, der Werke Gottes, der Kraft der Natur;
zu Zeichen der Guten, *) zur Erkenntniß der gött=
lichen Macht, zu erkennen Gutes und Böses auf
Erden, **) und zu finden alles weislich gemachte
Gute. Ihr Leben und Klugseyn geht auf einen
Theil des Laufes, der sich im Kreise bewegenden
Götter, und in sie aufgelöset zu werden, daß sie gros=
se Denkmähler der Weisheit auf Erden seyn, ***)
wenn sie dem Namen nach der Zeiten Verdunke=
lung verlassen.

Alles Geschlecht lebendes Fleisches, Saamens
der Früchte, und auch das Kleinste des ganzen
künstlichen Weltbaues wird durch Nothwendigkeit
und Erneuerung der Götter, und den abgezählten
Kreislauf der Natur erneuert werden. Denn Gott
ist das ganze Weltgebäude, nach seinem Wesen be=
trachtet; in der Gottheit hat die Natur ihren Wohn=
sitz. ****)

C 3 · Vier=

---

*) εις τε σημεια αγαθων verstehe ich nicht.

**) μοιρας οχλουμενης γνωναι αγαθων και φαυ-
λων. Flussas οικουμενης. hilft aber noch aller Dun=
kelheit nicht ab; ich glaube auch οικουμενης ist über=
flüßig, wenigstens verstehe ich, was γνωναι μοιρας
αγαθων και φαυλων sagen soll.

***) αρχεται αυτων βιωται, Flussas ερχεται
besser. και αναλυθηναι εις ο εσονται μεγαλα
απομνημονευματα, verstehe ich nicht; vielleicht εις
τουτο και εσονται.

****) Die neuern Platoniker, gleich ihrem ersten Stifter,
unterscheiden Gott und die Welt; jene ältern Philoso=
phen hingegen, Empedokles, Heraklit, nebst den Stoi=
kern, sagten, die Welt sey Gott selbst, weil jenes feu=
rige, die Welt bildende Wesen zugleich auch in der gan=
zen Welt ausgebreitet sey. Nach dem oben angeführt=

Viertes Hauptstück.

Hermes Trismegists Rede an seinen Sohn, Tat Becher, oder Monas genannt.

Alles ist Eins: göttliche Erleuchtung, unser einziges Heilsmittel.

Da der Schöpfer die ganze Welt nicht mit Hän=
den, sondern durch sein Wort gemacht hat:
so denke sie dir als das Werk des stets gegenwärti=
gen, stets seyenden, alles schaffenden Einzigen, und
durch seinen Willen alles Hervorbringenden. *)
Dies ist sein Körper, nicht fühlbar, nicht sichtbar,
nicht meßbar, nicht ausgedehnt, noch irgend einem
andern Dinge ähnlich. Er ist nicht Feuer, noch
Wasser, noch Luft, noch Hauch; sondern alles, was
er gemacht hat. **)

Wie

---

ten Cosmogonie = Systeme kann der Verf. es in keinem
andern, als diesem Sinne nehmen.

*) λογω. Nach Plotin und seines Gleichen zeugt die
oberste Gottheit, das Eins, das Wesen im vorzüglichen
Verstande, das Wort oder den Verstand, λογον. die=
ser die Welt-Seele, und diese die Welt. (Plotin. Ennead.
V, I, 7.) Dieser Verf. scheint abzuweichen, doch weil
er nirgends sagt, ob mittelbar, oder unmittelbar: so
läßt sich nichts ausmachen.

**) Was denn? Man kann nehmen, sein Körper ist nicht
sichtbar, fühlbar u. s. w; auch der Verstand ist es; dies
aber dürfte wohl gegen die Neu=Platonischen Grundsätze
seyn. Vielleicht ist hier etwas ausgefallen. Daß Gott
kein einziges besonderes, und doch aller Wesen ist, habe
ich schon aus Plotin angeführt. Der Stobenser liest
απ' αυτου nicht so bequem.

Weil er gütig ist, denn der Güte allein folgt er; so wollte er auch die Erde schmücken. *) Da-zu schenkte er dem Menschen ein Bild des göttli-chen Körpers, ein sterbliches Thier nach dem Ur-bilde des unsterblichen herab. **) Und dieses Thier war vollkommener, als die Welt der Thiere, durch Verstand und Vernunft. ***) Denn der Mensch wurde Beschauer der Werke Gottes, er bewunder-te sie, und erkannte seinen Urheber. Verstand, o Tat, hat er allen Menschen ausgetheilt; nicht aber Vernunft; nicht aus Neid gegen einige, denn von ihm kommt kein Neid, sondern entsteht unten in den Seelen unvernünftiger Menschen. ****)

C 4   War-

---

*) υπ᾽ αυτου αγαϑος ων· μονος γαρ etc. Hier sehe ich keine Verbindung. Mit geänderter Distinktion scheint mir alles klar. αυτου· αγαϑος ων, μονω γαρ τουτω αγατεϑεσκεν, ηϑελησε και την γην κοσμησαι. Der Stobeuser liest noch besser, αγα-ϑος γαρ ων, μονω εαυτω αναϑηναι τουτα ηϑε-λησε, και κοσμησαι την γην, weil er gütig ist, wollte er nur sich dies zu danken haben, und die Erde schmücken. (Eclog. Phyf. l. p. 5.)

**) Dies gerade wie das erste Hauptstück. Der Bewe-gungsgrund der Schöpfung, Güte, aus dem Plato.

***) και ο μεν κοσμος των ζωων επλεονεκτει του ζωου, και του κοσμον των λογον και τον νουν. Gleichfalls ohne Sinn. Ich vermuthe και του κος-μου των ζωων επλεονεκτει το ζωον, τω λογω και τω νω.

****) νους und λογος werden hier unterschieden, nicht so in dem ersten Hauptstücke; Letzterer ist ihm natürlicher Menschenverstand; ersterer hingegen übernatürliche Ein-sicht. Wahrscheinlich versteht er die Kenntnisse darun-ter, die nur in Ekstasen durch Gottes, oder höherer Gei-ster Einfluß den Menschen ertheilt werden. Dabey liegt

Warum hat denn, o Vater, Gott nicht allen Vernunft mitgetheilt? — Er wollte sie, mein Sohn, mitten unter den Seelen als Belohnung des Kampfes aufstellen. Und wo hat er sie aufgestellt? — Er hat sie in einen Becher gethan, und einen Herold damit ausgeschickt, den Menschen=Herzen dies zu verkünden. Die Menschen=Seele, welche es kann, tauche sich in diesen Becher, die da glaubt, daß sie hinaufsteigen wird zu dem, der den Becher gesandt hat, *) der da weiß, wozu sie geschaffen ist. Die nun die Verkündung verstunden, und mit Vernunft getauft wurden, hatten Theil an der Erkenntniß, und wurden, nach Erlangung der Vernunft, vollkommene Menschen. Die aber die Verkündung nicht begriffen, bekamen zwar Verstand, nicht aber Vernunft, nnd wissen nicht wozu, noch von wem sie gemacht sind. Ihre Sinne sind gleich denen unvernünftiger Thiere, aus Begierde und Zorn zusammengesetzt, und bewundern nicht das sehenswerthe: sie folgen den körperlichen Wollüsten und Begierden, und glauben, um deren Willen sey der Mensch geschaffen.

Die aber der Gottes=Gabe theilhaftig wurden, werden nach ihrer Thaten Verdienst, für sterbliche unsterblich, weil sie in ihrer Vernunft alles, was auf Erden, im Himmel, und über dem Himmel ist, gefaßt haben. So hoch erhaben sahen sie das Gute,

---

auch, der ganzen Anlage der Schrift nach, noch die Neben=Idee von Erleuchtung, aus der christlichen Dogmatik.

*) η πνευουσα οτι ανελευση, muß wohl die dritte Person seyn ανελευσεται, so auch im folgenden. Der Neu=Platonische ανεδος wird hier gemeynt.

Gute, und nach deſſen Erblickung hielten ſie den
Aufenthalt hienieden für Unglück, mit Verachtung
aller körperlichen und unkörperlichen Dinge, trach=
ten ſie nach dem Einen und Einzigen. Dies, mein
Tat, iſt die Wiſſenſchaft der Vernunft, die Got=
tes = Erkenntniß, die Betrachtung göttlicher Dinge,
weil der Becher göttlich iſt. *)

Auch ich, mein Vater, wünſche getauft zu
werden — Haſſeſt du, Sohn, nicht vorher dei=
nen Körper; ſo kannſt du dich ſelbſt nicht lieben.
Liebſt du aber dich ſelbſt: ſo wirſt du Vernunft be=
kommen, und haſt du Vernunft; dann wirſt du
auch der Wiſſenſchaft theilhaftig werden **) —
Wie verſtehſt du das, mein Vater? — Unmög=
lich, mein Sohn, kann man ſich zugleich mit ver=
gänglichen und göttlichen Dingen beſchäftigen;
denn weil es zweyerley Arten von Weſen giebt,
körperliche und unkörperliche, worunter auch die

C 5

vers

---

*) Man ſieht leicht, daß das aus der Taufe der Chriſten
hergenommen iſt; der Verf. ſucht deren Wirkungen aus
ſeinem Syſteme zu erklären. Daburch ſollen wir zum
Anſchauen Gottes, und der Vereinigung mit Gott
gelangen, das höchſte Gut der neuen Platoniker.
(Plotin. Ennead. VI, IX, 11.) Daburch allein bekom=
men wir wahre, gewiſſe, wiſſenſchaftliche Erkenntniß
aller Dinge, ja wir gelangen auch ſogar zur Gabe, das
Künftige vorherzuſehen. (Jamblich. de myſt. p. 58. ſqq.)
Wir erlangen Herrſchaft über die Geiſter, und ſie müſ=
ſen uns erſcheinen. (ibid. p. 99.)

**) επιϛημης, iſt der Alten unumſtößliche, auf Demon=
ſtration gegründete Wiſſenſchaft. Nach Plato entſpringt
ſie allein aus Betrachtung der Jdern, jener unwandel=
barer Originale aller Weſen. Dieſe ſind in Gott, in Gott
ſehen wir ſie; alſo Gottes Anſchauen das einzige Mittel
zur Wiſſenſchaft.

vergänglichen und göttlichen gehören: *) so kann
der wählende nur eins von ihnen auslesen, da, wer
wählen soll, nicht beydes zugleich nehmen darf.
Des einen Geringschätzung, macht des andern
Macht einleuchtend. Die Macht des bessern ist
nicht nur, dem wählenden die schönste Wahl, sondern zeigt auch noch die Ehrfurcht gegen Gott. Die
aber des schlechtern richtet den Menschen zu Grunde.
Gegen Gott liegt hierin kein Vergehen, außer nur,
daß wir die Proceßionen vorbeygehen, ohne etwas
wirken zu können, als nur andern im Wege zu stehen, so auch diese in der Welt, durch ihre körperlichen Lüste, eine große Figur machen. **)

De nun sich dies so befindet, so hat, und wird
Gott uns alle Unterstützung geben; nur müssen wir
uns selbst nicht verlassen und zurückbleiben. Denn
Gott ist unschuldig, wir hingegen sind Schuld an
allem Uebel, weil wir es dem Guten vorziehen. ***)
Du siehst, mein Sohn, wie viele Körper, wie viele
Versammlungen von Dämonen wir durchwandeln
müssen, den Zusammenhang und den Lauf der Gestirne

---

*) Gott heißt unkörperlich, und doch wird er Licht ge-
nannt! Der Alten Unkörperliches ist nicht unser Einfa-
ches; sondern entweder was sich nicht fühlen läßt, keine
körperliche Solidität, oder Impenetrabilität hat, wie
hier; oder auch manchmal, was nicht zu Körpern gewisser Art geformt ist: in welchem Sinne die erste rohe
Materie manchmal unkörperlich heißt.

**) Eine dunkle, vielleicht nicht unverdorbene Stelle! Mir
schimmert folgender Sinn durch: gegen Gott vergeht
man sich durch verkehrte Wahl eigentlich nicht; nur
macht man sich dadurch zu allem Guten unfähig.

***) Den Ursprung des moralischen Uebels schreiben die
neuern Platoniker der Freyheit Mißbrauch zu. (Bruck.
Hist. Crit. Phil. Tom. II. p. 423.)

ſtirne, um zu dem Einen und Einzigen Gotte zu
gelangen. *) Nie kann das Gute durchlaufen wer=
den, es iſt unbegränzt, **) ohne Ende, und in
ſich ohne Anfang, uns aber ſcheint es, unſerer Er=
kenntniß nach, einen Anfang zu haben. ***) Un=
ſere Erkenntniß iſt nicht ſein Anfang, ſondern ſie
iſt nur uns Anfang des Gegenſtandes unſerer Kennt=
niß. ****) Laß uns dieſen Anfang ergreifen, und in
Eile alles durchlaufen. Denn es iſt ſehr hart, *****)
das Gewohnte und Gegenwärtige hintanzuſetzen,
und zu dem Alten und Ehemaligen umzukeh=
ren. ******) Die ſinnlichen Erſcheinungen ergö=
tzen,

---

*) Geht wohl auf die Annäherung zu Gott in der Ekſtaſe.
Von ihr ſagt Jamblich, daß Gottes Licht ſich uns nä=
bert, und unſre ganze Seele einnimmt. Das wichtig=
ſte Zeichen der Inſpiration iſt, daß, wer die Gottheit zu
ſich herablenkt, einen Geiſt herabſteigen ſieht. (de myſt.
Aegypt. p. 58.) Doch ſpricht er an einem andern Orte
ſo, als ob unſere Seelen zu Gott hinaufgehoben, von
den materiellen Banden los gemacht, und in die Region
des höchſten Gottes verſetzt werden. Beydes läßt ſich
vereinigen, weil in beyden Fällen ſich die Gottheit erſt
zu uns nahen muß. (ibid. p. 160.)

**) διαβατον και απεραντον. widerſprechend; Fluſſas
peruium moleſte tamen; Ficin inſuperablile; alſo wohl
αδιαβατον.

***) αρχην εχειν την γνωσιν, man verſtehe κατα την
γνωσιν. So auch Ficin, Fluſſas ſpricht Nonſenſe.

****) Verwirrt genug, ohne Geklirre: ob wir gleich in
unſerer Erkenntniß des Guten einen Anfang haben
müſſen; ſo folgt doch daraus deſſen Endlichkeit nicht.

*****) Geht auf Platos und ſeiner Nachfolger Lehre von
unſerer Seelen Präexiſtenz. Dieſe waren, ehe ſie in den
Körper kamen, ſeelige Geiſter, durch Gottes Anſchauen
mit Wahrheit und Seeligkeit erfüllt. (v. Plat. Phaed.)

******) σκολιον, Fluſſas σκληρον mit Recht.

ten, das Unsichtbare hingegen macht unsern Glau=
ben schwer. Nun aber ist das Böse am offenbarsten,
das Gute hingegen vor dem Scheinbaren verbor=
gen, *) weil es keine Gestalt und keine Form
hat. Darum ist es auch sich selbst ähnlich, allein
andern aber unähnlich. Unmöglich kann das Un=
körperliche dem Körper sichtbar seyn.

Hierin besteht des ähnlichen und unähnlichen
Unterschied, und des erstern Vorzug vor dem letz=
tern. Da die Einheit aller Dinge Grund und
Wurzel ist, so ist sie in allen als Wurzel und Prin=
cip, und ohne das Princip ist nichts. Das Princip
aber ist durch nichts, sondern durch sich selbst, wo=
fern es anders aller andern Princip ist. Die Ein=
heit also ist Princip, **) sie enthält alle Zahl in
sich, ohne von einer andern umschlossen zu werden;
und zeugt alle Zahl, ohne von einer andern gezeugt
zu werden. Alles Entstandene hingegen ist unvoll=
kommen, theilbar, ***) der Zu= und Abnahme fä=
hig.

*) αφανες τοις φανερcις. Flussas: Bonum apparen-
  tibus non apparet, ohne Sinn. Ficin: Bonum occul-
  tum iis qui manifestis incumbunt, gegen den Tert. Na=
  türlicher scheint mir, das wahre Gut kann vor dem sinn=
  lichen mächtigern Scheine nicht gesehen werden. Viel=
  leicht ist ὑπο ausgefallen.

**) Eine Periode ohne Zusammenhang; ουσα αρχη —
  και αρχη ουσα, letzteres überflüßig. In den Aus=
  gaben hat diese Periode keinen Sinn; ich habe nach
  des Stobensers besserer Lese=Art übersetzt. (Eclog.
  Phyf. I. p. 27) Hier wird auf die Pythagorische Zah=
  lenlehre angespielt; in welcher physische Gegenstände
  durch Zahlennamen bezeichnet werden. Der Sinn
  davon: ein einziges Wesen, welches von keinem andern
  hervorgebracht wird, bringt alles aus sich hervor.

***) αδιαιρετον, Flussas besser, διαιρετον, so auch der
  Stobenser.

hig. Keins hievon kommt dem Vollkommenen zu. Was wachsen kann, wächst durch die Einheit, aber es wird von seiner eigenen Schwäche zu Grunde gerichtet, weil es die Einheit nicht weiter faſſen kann. *)

Das Bild Gottes habe ich dir, mein Tat, nach Vermögen entworfen. Betrachteſt du es genau, und ſchauſt du es mit deinen Gemüths = Augen: ſo glaube mir, Sohn, du wirſt den Weg zur Höhe finden; ja, vielmehr wird dies Bild dich leiten. Denn ſein Anſchauen hat eine eigene Kraft: die es zu beſchauen eilen, hält es feſt, und zieht ſie an ſich, wie der Magnet das Eiſen an ſich zu ziehen geſagt wird.

Fünftes Hauptſtück.

Hermes Trismegiſts Rede an ſeinen Sohn Tat, daß der unſichtbare Gott ſehr ſicht= bar iſt.

Beſchreibung der göttlichen Eigenſchaften aus dem Anſchauen der Natur.

Auch dies will ich dir, mein Tat, noch ſagen, damit des höchſten Gottes Name dir nicht unbe=

*) Fehlt im Stobäer, und iſt wahrſcheinlich Rand = Gloße, weil es den Zuſammenhang zerreißt. Auch dies voll= kommen den Beſchreibungen der neuern Platoniker ge= mäß, wie ſchon erinnert iſt. Daß alles Entſtandene auch vergänglich iſt, war ſchon in der alten Philoſophie Grie= chenlandes Grundſatz. Plato bedient ſich deſſelben im Phädo, als eines ausgemachten. Der letztere Satz aber iſt äußerſt dunkel, doch kann ihn folgendes etwas aufhellen.

unbekannt bleibe. Du aber achte auf meine Rede,
damit das, dem großen Haufen Dunkle, dir offen‹
bar werde. *) Wäre es nicht ewig: so wäre es
auch nicht verborgen, **) denn alles uns Offenbare
hat einen Anfang, weil es einmal offenbar gewor‹
den ist. Was aber verborgen ist, ist ewig, denn
es bedarf des Offenbarwerdens nicht, weil es ewig
ist, und alles übrige ans Licht bringt. Er, der
Verborgene, weil er ewig ist, offenbart alles, ohne
selbst offenbar zu werden. Er selbst ist nicht ent‹
standen, stellt aber der Einbildungskraft alles dar.
Einbildungskraft nehmlich kommt nur geschaffenen
Wesen zu, denn sie ist nichts anders, als Entste‹
hung. ***)

Er, der Eine hingegen, ist ohne Anfang, nicht
vorstellbar und verborgen. Weil er aber alles vor‹
stellbar macht: so ist er auch durch alles, in allem,
am meisten aber denen offenbar, welchen er sich offen‹
baren

Materielle Wesen vergehn durch Trennung, also dadurch,
daß aus einem mehrere werden, also dadurch, daß sie
nicht mehr Eins bleiben können, das ist, daß sie die
Einheit nicht mehr fassen können.

*) πως, mir scheint ὁ πως bequemer.

**) ου γαρ αν ην ει αφανες ην. Flussas verbessert
ου γαρ ει μη ην αφανες ην. Beydes der Folge nicht
angemessen. Er beweiset, daß alles entstandene auch
offenbar, also das nicht entstandene verborgen ist. Folg‹
lich ist wohl zu lesen: ου γαρ αει ην, ει μη αφανες
ην.

***) Ein sonderbarer, aus dem bloßen Wortklange gezo‹
gener Schluß. Alles Scheinbare ist entstanden, weil
es scheinbar geworden ist; denn wäre es nicht scheinbar
geworden, so wäre es auch nicht etwas scheinbares, al‹
so etwas wahrhaftes reelles, mithin ewiges. Folg‹
lich ist das ewige nicht scheinbar, daher verborgen.

baren völl. *) Du also, mein Sohn Tat, bete zu=
erst zum Herrn und Vater, dem Einzigen und nicht
Einem, sondern von dem der Eine entspringt, **)
daß er dir gnädig sey, damit du den großen Gott
erkennen, und auch wenigstens einer seiner Strahlen
deinem Verstande leuchten möge. Nur der Ver=
stand sieht das Verborgene, weil auch er selbst ver=
borgen ist. Kannst du, o Tat, mit Verstandes=
Augen sehen: so wird er dir offenbar werden, denn
der Herr erscheint überflüßig durch die ganze Welt.
Die Erkenntniß von ihm erhalten, ihn sehen, ja
auch mit den Händen greifen, kannst du, und Got=
tes Bild schauen. Ist dir aber dein Inneres un=
bekannt, wie soll er dir denn durch deine Augen
erscheinen? ***)

Willst du ihn schauen: so betrachte die Son=
ne, betrachte des Mondes lauf, betrachte der Ge=
stirne

*) Gegen die neuern Platoniker, denn diese geben nicht
zu: daß Gott in allen Dingen, und durch alle sichtbar
sey, nicht, daß sein Wesen sich durch die ganze Welt
ausbreite. Vielmehr scheint es kabbalistisch, oder aus
der orientalischen Schule, weil hier das göttliche Licht
alles sichtbar macht, und Gottes Strahl sich durch das
Universum überall ausbreitet.

**) Geht auf die neu=Platonische Dreyeinigkeit, wovon
schon oben; der Einzige und nicht Eine ist die Gottheit,
der von ihm entspringende Eine ist der Verstand, oder
λογος.

***) Nach Plotin ist Gott mit unserer Seele innigst ver=
eint; nur unsere Sinne, Begierden und Phantasie ent=
fernen uns von seinem Anschauen. Heben wir durch
Zurückziehung der Seele in sich selbst, und Entfernung
von allen körperlichen Eindrücken diesen Unterschied:
so schauen wir ihn in uns selbst. (Plotin. Ennead. VI,
IX, 8. lqq. Denn unsere Vernunft ist uns, wie oben
schon gesagt, aus seinem Wesen zugeflossen.

ſtirne Ordnung. Wer iſts, der dieſe Ordnung
erhält? Denn alle Ordnung iſt in Zahl und Ort
eingeſchloſſen. Die Sonne iſt der größte unter
den Göttern am Himmel, dem alle himmliſche Götter als ihrem Könige und Herrn gehorchen. Dieſe
ſo große Sonne, größer als Erde und Meer, leidet dennoch, daß kleinere Geſtirne ſich über ſie bewegen. *) Aus Ehrfurcht oder Furcht weſſen, hatte
nicht jedes dieſer Geſtirne denſelben oder gleichen
Lauf? Wer har jedem die Art und Größe ſeines
Laufs beſtimmt? Jener Bär, der ſich um ſeinen
eigenen Mittelpunkt dreht, der die ganze Welt mit
ſich herum dreht, wer hat dies Werkzeug in ſeiner
Gewalt? Wer hat dem Meere ſeine Gränzen gelegt? Wer die Erde befeſtigt?

Es iſt einer, o Tat, dieſer Aller Urheber und
Herrſcher. Unmöglich kann etwas ſeinen Ort, ſein
Maas, ſeine Regel beobachten, ohne einen Urheber.
Keine Ordnung kann ohne Platz und Regel entſtehen, Maaß aber und Platz, mein Sohn, erfordern
einen Beherrſcher. Denn iſt das Unordentliche
mangelhaft: ſo muß etwas da ſeyn, das die Ordnung aufrecht erhält, es ſteht folglich unter einem
Herrn, der ihm noch die Ordnung nicht vorgeſchrieben hat. **) Möchteſt du doch Flügel bekommen
können, um dich in die Luft zu ſchwingen, und zwi-
ſchen Himmel und Erde ſchwebend der Erde Fe-
ſtigkeit, des Meeres Flüßigkeit, der Flüße Strö-
me,

*) πολευοντας, Fluſſas πολιτευοντας; offenbar ſchlech-
ter.
**) Eine dunkle, verwirrte, vielleicht nicht ganz reine
Stelle! Ich habe überſetzt, wie es der Zuſammenhang
zu fordern ſchien; auch Ficin ſo, nur übergeht er einige
Kommata.

men, der Luft Feinheit, des Feuers Schärfe, der
Gestirne Lauf, des Himmels Geschwindigkeit und
seine Bewegung um seine Axe sehen. *) Welch
ein herrlicher Anblick, mein Sohn, dies alles mit
einem Blicke zu überschauen; des Unbeweglichen
Bewegung; **) des Verborgenen Anblick, wodurch
diese Ordnung der Welt, und diese Welt der Ord=
nung wirkt!

Willst du ihn auch in vergänglichen Werken
auf der Erde, und in der Tiefe schauen: so betrach=
te ihn, mein Sohn, im Mutterleibe den Menschen
bildend, untersuche die Kunst dieser Bildung genau,
und lerne daraus den, der dies schöne und göttliche
Menschenbild schuf. Wer hat die Augen gerun=
det? Wer Nasen und Ohren durchbohrt? Wer
den Mund geöfnet? Wer die Sehnen ausgespannt
und befestigt? Wer die Adern gehöhlt? Wer die
Knochen gehärtet? Wer das Fleisch mit Adern be=
kleidet? Wer die Finger abgetheilt? Wer den Füs=
sen die Sohle breit gemacht? Wer die Schweißlö=
cher geöfnet? Wer die Milz ausgebreitet? Wer
das Herz spitz gebildet? Wer die Rippen zusam=
mengefügt? ***) Wer die Leber breit gemacht?
Wer die Lunge gehöhlt? ****) Wer den Bauch ge=
weitet? Wer die vorzüglichsten Theile den Augen
dargestellt, die häßlichen verborgen? Siehe, wie
viele künstliche Behandlungen einer Materie, wie
viele Werke in einem Ganzen, und alle sehr schön,

Hermes Trismegist.   D   alle

*) περι ταυτα, vielleicht τ'αυτα.
**) Aristotelisch: der höchste Gott ist unbeweglich, und be=
    wegt doch; also des Unbeweglichen Bewegung, die von
    ihm andern Wesen mitgetheilte.
***) νευρα, Fluffas πλευρα mit Recht.
****) συραγγωσαι, Fluffas besser σηραγγωσαι

alle genau abgemeſſen, und doch alle verſchieden!
Wer hat das alles gemacht? Welche Mutter, welcher Vater, als der unſichtbare Gott, der nach ſeinem Willen alles geſchaffen hat? *)

Kein Menſch ſpricht, daß eine Bildſäule, oder
ein Gemählde ohne Bildhauer oder Mahler entſtanden ſey; und dies Werk ſollte ohne Werkmeiſter
entſtanden ſeyn? Welche Blindheit! Welche Gott-
loſigkeit! Welcher Unverſtand! Nie, mein Sohn
Tat, müſſeſt du die Werke vom Meiſter trennen **)
Ja er iſt noch weit erhabener; ſo groß der Name
Gott, ſo groß iſt auch der All=Vater. ***) Er
iſt wahrlich allein, und ſein Werk, Vater ſeyn. ****)
Oder, nöthigſt du mich, mich noch kühner auszudrü-
cken; ſo iſt ſein Weſen, alles hervorzubringen und
zu ſchaffen.   Und wie ohne einen Urheber nichts
ent-

---

*) Dieſer Gründe bedienten ſich auch die Stoiker, wie un-
ter andern aus Cicero de Nat. Deor. II, 18, 56. erhellt.
Bey andern allen wüßte ich nichts ſo ausführliches gefunden zu haben.

**) Ein, ſo viel ich weiß, vom Sokrates zuerſt gebrauch-
tes, hernach auch von den Stoikern vorzüglich mit ge-
brauchtes Argument. (Xenophon. Mem. Socrat. I, 4.)

***) μαλλον δε και χρειττων εϛιν. οϲος κατα
Θεον ονοματος, τοϲουτος εϛιν ὁ παντων πατηϱ.
Dunkel genug; Ficin cohgruo Deum nomine præinuocato;
davon ſehe ich hier nichts. Fluſſas, quin immo præ-
ſtantior eſt tantus, eo quod ſecundum Deum nomine;
tantus eſt omnium pater. Eben ſo dunkel als der Text.
Ich habe einen Sinn hinein gelegt, der dem Zuſammen-
menhang gemäß ſchien.

****) Er iſt allein, weil er allein wahrhaftig exiſtiert, alles
übrige nur Schatten=Exiſtenz hat. Was nicht unveränderlich und ewig iſt, ſchien Plato, und vor ihm auch den
ältern Eleatikern nicht wahrhaft zu exiſtieren.

entſtehen kann: ſo kann er auch nicht ewig ſeyn, wenn er nicht unaufhörlich alles im Himmel, auf Erden, in der Luft, in der Tiefe, in der ganzen Welt, an allem Orte des Univerſum, dem würklichen und nicht würklichen hervorbringt. *) Denn in dieſem All iſt nichts, das nicht Er iſt; Er iſt was iſt, und nicht iſt. Was iſt, hat er ans Licht gebracht, und was nicht iſt, iſt in ſich verſchloſſen. **)

Er iſt erhabener, als der Name Gott, er iſt der verborgene, er der offenbarſte, der dem Verſtande ſichtbare, er auch den Augen ſichtbar; er zugleich unkörperlich, und mit vielen Körpern bekleidet, oder vielmehr iſt in keinem Körper etwas, das nicht Er iſt; denn alles, was iſt, iſt Er. ***) Und darum hat er auch alle Namen, weil alles von einem Vater iſt; eben darum hat er keinen Namen, weil er aller Vater iſt.

Wer kann alſo dich zu ſehr, oder nur deiner würdig preiſen? Und wohin ſoll ich ſehen, um dich zu preiſen? Nach oben, unten, nach außen und innen? Um dich iſt kein Weſen, noch Art, ſondern alles in dir, alles von dir. Du giebſt alles, ohne etwas zu nehmen, weil du alles haſt, und nichts nicht haſt. Und wann ſoll ich dich loben? Denn

D 2   von

---

*) Neu-Platoniſch, aber aus Plato und Ariſtoteles entlehnt. Beyde glaubten, daß die Welt der ewigen Gottheit ewige Wirkung ſey. Plotin. Enncad. II, l, 1.)

**) Dem Scheine nach widerſprechend; allein vielleicht verſtand der Verf. unter μη οντα das Mögliche, und dann wäre der Sinn: auch das noch blos Mögliche iſt ſchon in ſeinen Ideen, und durch ſeine Kraft kann es würklich werden.

***) ευτος, Fluſſas paſſender ὁ ουτω.

von dir läßt sich keine Zeit noch Stunde denken,
Und wofür soll ich dich loben? Für das, was du
gethan, oder was du nicht gethan hast? Für das,
was du ans Licht gebracht, oder was du verborgen
hast? Und warum soll ich dich loben? Weil ich
mein eigen bin? Weil ich etwas eigenes habe?
Weil ich von dir verschieden bin? Du bist ja alles,
was ich bin; du bist alles, was ich thue, du, alles,
was ich sage, du alles; es ist nichts, das du nicht
seyst. *) Du bist alles, was ist, du, was nicht ist.
Ein denkender Geist, ein schaffender Vater, ein
wirkender Gott, gut, und alles hervorbringend.
Das Feinste der Materie ist Luft, das Feinste der
Luft, Seele, das Feinste der Seele, Verstand, das
Feinste des Verstandes, Gott. **)

Sechstes Hauptstück.

Hermes Trismegists Beweis, daß das Gute nur in Gott, und sonst nirgends ist.

Das Gute, mein Aeskulap, ist nirgends, als in
Gott; oder richtiger, Gott selbst ist stets das
Gute.

*) ε5, Flussas nach dem Zusammenhange es.
**) Er scheint also, Gott noch vom Verstande zu unter-
scheiden. Nach welchem Systeme, weiß ich nicht, vielleicht ist es auch blos rednerische Figur, um Gottes Er-
habenheit über alles zu zeigen. Ueberhaupt ist die ganze Periode weder orthodox, noch auch philosophisch richtig. Das Feinste der Materie ist Luft, denn Feuer und
Aether werden nicht zur Materie gerechnet, wie die
vorhergehenden Abhandlungen zeigen, nur Wasser und
Erde. Verstand kann das Feinste der Seele nicht seyn,
weil er sonst das Feinste der feinsten Luft seyn müßte.

Gute. Ist dies: so muß er aller Veränderung und Entstehung Wesen seyn. Ohne dies Wesen ist nichts, um sich hat es eine unveränderliche Wirksamkeit, die nichts bedarf, rein ist, *) und alles reichlich hervorquellen läßt. Ueberall ist es Princip, **) denn was hervorbringt, ist gut, und daher sage ich auch, ***) daß es überall und stets gut ist.

Dies kömmt keinem andern, außer Gott, zu. ****) Er bedarf keines Dinges, daß er wünsche, es zu besitzen, es schlecht besitze, und dadurch schlecht werde. *****) Er kann nichts verlieren, daß er durch dessen Verlust traurig werde, denn Traurigkeit ist ein Theil der Unvollkommenheit. ******) Auch ist nichts mächtiger, als er, das ihm widerstreiten könnte; noch ihm gleich, das ihn beleidige; oder das er eben deswegen liebe; nichts ihm ungehorsam, worauf er zürne; noch weiser, das er beneiden möchte. Da nun von diesem allen nichts wütklich ist, was bleibt denn anders, als das Gute übrig?

Wie in diesem Wesen nichts Böses ist: so kann in keinem andern das Gute gefunden werden. Denn in allen ist alles übrige, den großen sowohl,

D 3 als

---

*) απειριτον, Flußas besser, απεριττον.

**) η δε αρχη παντως, Flußas παντοτε, scheint mir noch nicht hell genug, vielleicht αρχη δε παντοτε.

***) οταν λεγω παντως, Flußas παντοτε. Der Zusammenhang scheint noch zu fordern οθεν.

****) εν ουδενι προσεςι. Vielleicht die Präposition eingeschoben.

*****) κακος. Flußas κακως mit Recht.

******) αποβλητον. Flußas αποβλεπτον. Das erstere scheint doch dem Zusammenhange gemäßer.

als kleinen, und den Individuen; vornemlich aber
in dem allergrößten und mächtigsten Thiere, weil
alles entstandene manchen Veränderungen unterworfen ist; denn das Entstehen selbst ist Leiden. *)
Wo aber Leiden ist, da ist das Gute durchaus nicht;
wo hingegen das Gute, da ist durchaus kein Leiden.
Denn wo Tag ist, da ist keine Nacht, und wo
Nacht, da kein Tag.   Daher kann auch das Gute
in keinem Entstandenen, sondern allein dem Ewigen
seyn.

Wie aber der Materie an allem Theil gegeben
ist, so auch am Guten. **) In so fern ist die Welt
gut, als sie alles hervorbringt, weil sie als wirkend
gut ist; in allem übrigen hingegen nicht gut, weil
sie leidend, beweglich, und leidender Dinge Urheberin ist.   Im Menschen ist das Böse mit dem
Guten

---

*) Weder diese Sätze, noch des ganzen Schlusses Zusam-
menhang sind klar.   Nicht die Sätze, denn was
heißt: in allem, auch dem kleinsten ist alles? Alle Eigenschaften? Alle Substanzen? Darauf giengen doch diese
Philosophen nicht aus, mit Anaxagoras zu behaupten:
alles; das ist, Homöomerien oder Substanzen seyn in
jedem Dinge auf Erden befindlich.   Doch vielleicht dachte er mit Aristoteles, alles sey in allem, weil aus allem
alles werden könne; wie oben schon der Satz behauptet wurde, daß in einem Elemente alle sich befinden.
Das mächtigste Thier ist Zweifelsohne die Welt.   Aber
wie folgt hieraus des Verfassers Satz, daß alles, außer
Gott, veränderlich ist? Er sagt es nicht, vielleicht weil
ers selbst nicht deutlich dachte, und daher hat das Rais-
sonnement keinen Zusammenhang.   Doch liegt er darin; denn ist alles in allem: so ist alles veränderlich, nur
das vollkommenste ewige Wesen ist alles actu, nichts in
potentia, (ενεργεια, ου δυναμες.)

**) μετουσια παντων εςιν εν τη υλη δεδομενη,
die Präposition sehr wahrscheinlich eingeschoben.

Guten vermischt, denn nicht sehr böse seyn ist hier
gut seyn, und was hier gut ist, ist des Bösen klein=
ster Theil. Unmöglich also kann hier das Gute
ganz vom Bösen rein seyn, weil das Gute hier ver=
schlimmert wird. Verschlimmert, bleibt es nicht
mehr gut, und nicht mehr gut, wird es böse.

In Gott allein folglich ist das Gute, oder
vielmehr Gott selbst ist das Gute. Unter den Men=
schen, mein Aeskulap, ist blos des Guten Name,
nicht aber die Sache. Denn dies ist unmöglich,
weil ein materieller, überall mit Unvollkommenhei=
ten, Beschwerlichkeiten, Schmerzen, Begierden,
Zorn, Betrug, unvernünftigen Meynungen gefes=
selter Körper es nicht fassen kann. Das schlimmste
dabey ist, mein Aeskulap, daß jedes dieser genann=
ten hier für das größte Gut gehalten wird; das al=
lerhöchste Uebel, der Bauch=Dienst, die Quelle
aller Uebel, alles Irrthumes, gehört hier zum Gu=
ten. *)

Ich aber danke meinem Gott, der mir dies
vom Guten eingegeben hat, daß es unmöglich in
der Welt wohnen kann. Die Welt ist voll vom
Uebel, Gott aber vom Guten, oder das Gute von
Gott. Der Güter vornehmste kommen dem Wesen
dessen zu, der sie hervorbringt. **) Hier sind sie

D 4 reiner

*) ἡ ἀπουσια ενθαδε του αγαθου ετι, kontradikto=
risch. Vielleicht ist ἀπουσια eingeschoben, oder für ein
ander Wort eingeschlichen.

**) αι γάρ εξοχαι των καλων περι αυτην εισι
του την ουσιαν φαινενται. Flussas verbessert του
καλου, — Φαινοντες. Aber noch nicht hinlänglich,
wie auch seine Uebersetzung lehrt. Zusammenhang und
Sprachgebrauch verlangen εξοχαι του καλου, πε=
ρι αυτην εισι την ουσιαν του Φαινοντες.

reiner und unvermischter, vielleicht auch sein Wesen selbst. Ich muß wagen, zu behaupten, mein Aes= kulap, daß Gottes Substanz, wofern er anders eine Substanz zum Subjekte hat, das Gute ist. *)

Das Gute und Vortrefliche läßt sich an kei= nem Dinge in der Welt antreffen, denn alles dem Auge Sichtbare ist nur Schattenbild; sie hingegen sind nicht sichtbar. **) Und wie das Auge Gott nicht sehen kann, so auch nicht das Gute und Vor= trefliche. Denn sie sind ganz Theile Gottes, ihm allein eigen, und eigenthümlich, von ihm unzertrenn= lich, höchst liebenswürdig, die entweder Gott selbst liebt, oder sie Gott lieben. Kannst du Gott be= greifen: so kannst du auch das Gute und Vortref= liche, das höchst Glänzende, aber doch von Gott an Glanz übertroffene. Dies ist die unvergleichba=
re

---

*) Nach Neu = Platonischen Subtilitäten; die aber aus der alt = Eleatischen Schule entsprangen. Diese behaup= teten, alles sey Eins, und waren deswegen, aus Man= gel an genauerm Unterschiede des verschiedenen, genö= thigt, die'em alle Prädikate abzusprechen. Aristoteles, schon andere hattens vor ihm gethan, rückt ihnen die ungereimten Folgerungen ihrer Behauptung vor. Und daher fanden sich vor Aristoteles einige, die gar nichts von irgend einem Subjekte wollten prädiciert wissen. (Aristot. Phys. I. 2. sqq.) Diese Theorie des Eins erneu= erten die Neu = Platoniker, und da sie Gott das Eins, das höchste Geschlecht, nannten: so dürfen sie nun in ihm nicht Substanz und Accidens unterscheiden, weil sonst statt Eines, zwey Wesen da gewesen wären. Aus diesem Grunde wagt der Verf. nicht zu sagen, ob Gott eine Substanz hat.

**) τα δε μη υποπιπτονται μαλιςα δε η του κα= λου και του αγαθου. Hier fehlt wohl φυσις, oder ουσια; allein der Zusatz ist überflüßig, weil eben dies vorher gesagt ist. Vermuthlich also Einschiebsel.

re Schönheit, dies das unnachahmliche Gute, oder auch Gott selbst. Wie du also das Gute und Schöne denkst, so denke auch Gott. Sie lassen sich andern lebenden Wesen nicht mittheilen, *) weil sie von Gott unzertrennlich sind. Untersuchst du Gottes Natur; so untersuchst du auch die des Schönen. Nur einzig ist der dahin führende Weg, Frömmigkeit mit Anschauen.

Daher erkühnen sich, die den Weg der Frömmigkeit nicht gewandelt haben, die Unwissenden, den Menschen gut und schön zu nennen, der auch im Traume nicht einmal das Gute geschaut hat, sondern mit allem Uebel erfüllt ist; der das Böse für Gut hält, es so ohne Sättigung gebraucht, und dessen beraubt zu werden fürchtet; der alle Macht anwendet, nicht nur es zu besitzen, sondern auch noch zu vermehren. Das sind, mein Aeskulap, der Menschen Güter und Herrlichkeiten, die wir weder meiden, noch hassen können; denn das schlimmste ist, daß wir sie nöthig haben, und ohne sie nicht leben können. **)

D 5 Sieben=

___

*) ΤΟΙΣ αλλοις των αλλων ζωων. Ohne Sinn, vermuthlich statt ehemals ΤΟΙΣ αλλοις των ζωων.

**) Gerade so auch Plotin in folgenden Worten: Das Gute ist, wovon alles abhängt; wornach alles strebt, weil es von ihm seinen Anfang erhält, und seiner Nachsicht bedarf; es selbst bedarf nichts, ist sich selbst genug; begehrt nichts; das Maas aller Dinge, und bringt aus sich Verstand, Existenz, Seele und Leben hervor. Bis so weit ist es schön. — Das Uebel also ist nicht in dem wahrhaft Existierenden, sondern dem gewissermaßen nicht Existierenden, das ist, in der sichtbaren Welt, und den Modificationen materieller Wesen. (Plotin. Ennead. I, II, 2, 3.)

Siebentes Hauptſtück.

Hermes Trismegiſts Rede, daß Gott nicht kennen das größte aller menſchlichen Uebel iſt.

Wo rennt ihr hin, ihr Menſchen, trunken, weil ihr den reinen Trank der Unwiſſenheit ganz getrunken habt, den ihr nicht tragen könnt? Bald werdet ihr ihn wieder ausſpeyen. Stehet ſtill, werdet nüchtern, und ſchaut auf mit eures Geiſtes Augen. Und könnt ihr es nicht alle, ſo thut es doch, die ihr könnet. Der Unwiſſenheit Uebel über=ſchwemmt die ganze Erde, und richtet auch die im Körper eingeſchloſſene Seele mit zu Grunde, weil ſie ſie in den Hafen des Heils nicht einlaufen läßt. Läßt euch alſo vom allgemeinen Strome nicht auch hinreiſſen. Die ihr nach entgegengeſetzten Strö=men den Hafen des Heils nicht erreichen können, ſucht eine Leiter, die euch zu der Erkenntniß Thüren führe, wo das glänzende, von aller Finſterniß reine Licht wohnt, wo keiner trunken iſt, alle nüchtern ſind, im Geiſte auf den ſchauend, der da will ge=ſchaut ſeyn. Er läßt ſich nicht hören, nicht nennen, nicht mit Augen ſehen, ſondern nur mit dem Gei=ſte und Verſtande. Vorher aber mußt du das Kleid, das du trägſt, den Rock der Unwiſſenheit, den Sitz des Böſen, das Band des Verderbens, die finſtere Hülle, den lebendigen Tod, die ſinnliche Leiche, das bewegliche Grab, den dir anklebenden Räuber, den der das haßt, wodurch er liebt, und beneidet, wodurch er haßt, zerreiſſen. *)

Dies

*) Bekanntlich fieng Plato, wahrſcheinlich auch vor ihm, die Pythagoreer, an, gegen den Körper zu deklamiren,

Dies ist das verhaßte Kleid, welches du trägst,
es drückt dich nieder, damit du nicht aufschauest, der
Wahrheit Schönheit sehest, und das schöne Kleid
hassest, dadurch, daß du seine Nachstellung erkennst,
durch die es die so scheinenden und geglaubten Sinne unempfindlich gemacht hat, *) indem es sie mit
vieler Materie verstopft, sie mit verhaßter Wollust
angefüllt hat, damit du nicht hörest, was du hören
mußt, noch sehest, was du sehen mußt. **)

Achtes Hauptstück.

Hermes Trismegists Rede, daß nichts ver-geht; vielmehr die Menschen die Ver-wandlungen irrig Vernichtungen und Tod nennen.

Jetzt, mein Sohn, muß ich von Seele und Körper reden, wie die Seele unsterblich ist, und
worinn der Zusammenhang und Trennung des
Körpers besteht. Keins von ihnen trift der Tod;
son-

---

und ihn als die größte Hinderniß aller wahren Weisheit
zu betrachten. Dies faßten die Eklektiker begierig auf,
und trieben es bis in die Gränze des Ungereimten.
(Bruck. Hist. Crit. Phil. Tom. II. p. 459.)

*) Die so scheinenden und geglaubten Sinne; weil sie
nemlich uns die äußern Gegenstände anders, als sie sind,
als wahre, reelle, gute Wesen vorstellen, folglich ihren
Endzweck nicht erfüllen.

**) τον δ' ὰν φιλει μισουντα, και δ' ὼν μισει Φθο-
νουντα. Dies wird wohl nur der Verf. selbst erklären
können.

sondern er bedeutet das unsterbliche, *) oder ist ein
nicht vorhandenes Ding, oder er heißt auch, durch
Wegnehmung des ersten Buchstabens, statt αθανα-
τος, θανατος. Denn Tod gehört zur Vernich=
tung, nichts aber in der Welt wird vernichtet. Ist
die Welt der zweyte Gott, und ein unsterblich le=
bendes Wesen, **) so kann unmöglich ein Theil des
unsterblichen Thieres sterben. Nun aber ist alles
in der Welt Theil der Welt, vornemlich der Mensch,
das vernünftige Thier.

Vor allen andern ewig, und ohne Anfang ist
Gott aller Schöpfer. Nach ihm, der nach seinem
Bilde von ihm gezeugte, von ihm erhaltene, er=
nährte, unsterblich gemachte, weil der Vater ewig
ist, und als unsterblich, stets lebend. Denn das
stets Lebende ist vom Ewigen verschieden. Dies ist
von keinem entstanden, oder wenn es ja entstan=
den ist, so ist es durch sich selbst nie entstanden,
sondern entsteht allezeit. Denn ewig ist, was ganz
ewig ist. ***) Nun aber ist der Vater selbst durch
sich selbst ewig; ****) die Welt hingegen durch den
Vater stets lebend und ewig geworden. *****)

So

*) νοημα εςιν αθανατου προσηγοριας. Dunkel
   genug; irre ich nicht, so will er sagen: Des Wortes
   eigentliche Bedeutung ist Unsterblichkeit.

**) Dies alt=Platonisch; denn Plato nennt die Welt Got=
   tes Sohn. Dieser Verf. nimmt also zwischen dem höch=
   sten Gott und der Welt keine Mittel=Gottheiten an.

***) το γαρ αιδιον ου αιδιον εςι το παν, nicht zu=
   sammenhängend, ich vermuthe αιδιον γαρ, ου etc.

****) αυτος εαυτου αιδιος, hat keinen Sinn, vielleicht
   fehlt υθ'.

*****) αιδιος, Fluſſas αειζωος, nach dem Zuſammen=
   hange die Welt=Seele, ist nach den neuern Platonikern

So viel Materie in ihm war, verkörperte und
dehnte der Vater aus, *) und machte sie kugelrund,
dadurch, daß er sie mit dieser Eigenschaft bekleidete,
da sie an sich unvergänglich, und mit dem Wesen
der Materie von Ewigkeit her ausgerüstet war.
Außer den Ideen streute auch der Vater die Quali=
täten in der Sphäre aus, und verschloß sie darin,
wie in einer Höhle; weil er das Wesen nach ihm
mit aller Qualität schmücken wollte. **) Mit Un=
sterb=

ein Ausfluß aus dem obersten Gotte durch den Verstand
(λογος.) Hievon weicht dieser Verf. ab, er spricht,
als ob die Welt aus Gott unmittelbar entsprungen
wäre. Der Welt Entstehung aber ist von Ewigkeit her
geschehen, folglich der Sohn dem Vater gleich ewig und
Anfangslos. Sie währt auch in alle Ewigkeit, folglich
entsteht der Sohn stets, ohne je entstanden zu seyn.
(Plotin. Ennead. II, I, 1. sqq.) Hierin also nähert er sich
dem Alt-Platonischen Systeme, welches gleichfalls Ewig=
keit der Welt behauptete.

*) ὁσον ην της ὑλης αποκειμενον τω ἑαυτου, giebt
keinen Sinn, vermuthlich εν ἑαυτω. Nach den Eklek=
tikern ist die Materie kein wahres ens, kann also auch
nur durch verneinende Bestimmungen definirt werden.
Ihre Eigenschaften bekömmt sie von Gott unmittelbar;
er also ists, der sie verkörpert. Sie ist daher auch in ihm,
weil sie nur durch ihre Eigenschaften eigentlich existiert,
und diese aus Gott erhält. Die Materie, spricht Plo=
tin, ist nichts in Würklichkeit, aber alles in Möglich=
keit. (Ennead. II, V, 5.) Die Qualitäten hingegen sind
substantielle Wesen, und wenn diese der Materie einge=
gossen werden, so wird sie dadurch Körper, und be=
kommt ihre bestimmten Eigenschaften. Diese Quali=
täten aber, Wesen, (λογοι) sind geistiger Natur, und
Gottes Ausflüsse. (Ennead. II, VII, 3.

**) πλεον δε των ιδεων, τα ποια ὁ πατηρ εγκα=
ταϲπειρας etc. Eine unzusammenhängende, alles
Sinnes beraubte Stelle! Wie wenn man so läse?

sterblichkeit bekleidete er den ganzen Körper, damit
nicht die Materie sich von der Verbindung mit der
Qualität trennen, und in ihre eigene Unordnung
zurückfallen möchte. *) Denn als die Materie un=
körperlich war, mein Sohn, da war sie unordent=
lich. **)

Auch so aber enthält sie noch eine sich um die
übrigen kleinen Eigenschaften schlingende Unordnung,
Wachs=

πλην δε των ιδεων, τα ποια ο ποιηρ εγκα
τασπειρας τη σφαιρα, ωσπερ εν αντρω κατε
κλεισε παση ποιοτητι κοσμησαι etc. Er unter=
scheidet hier Qualitäten von Ideen. So auch Cicero;
welcher Qualitäten, die aus der göttlichen Kraft, und
der rohen Materie geformten Körper nennt. Sie (die
ersten Akademiker und Peripatetiker) glaubten zwey We=
sen, ein wirkendes und ein leidendes; jenes besäße Kraft,
dies wäre Materie, das aus beyden zusammengesetzte
sey Qualität und Körper. — Die Qualitäten unter=
scheiben sie in erste und abgeleitete, zu jenen gehören die
vier Elemente, zu diesen die aus den Elementen zusam=
mengesetzte Wesen. — Ideen hingegen sind die un=
veränderlichen in der Gottheit, und durch sie in den
Menschenseelen wohnenden Formen. (Cic.Ac.Qu. I, 6 — 8.)
Qualitäten also sind in der todten Materie, Ideen aber
in den Menschenseelen, und durch sie in der Materie,
weil Menschenseelen mit Materie umhüllt sind.

*) ινα μη υλη και της. Nicht ganz richtig, vermuthlich
ινα μη η υλη της etc.

**) Als die Materie unkörperlich, das ist hier, ungeformt
war. Denn nur durch Zusatz der Formen wird sie
Qualität, mithin Körper gewisser Art. Der Stobenser
führt eine Stelle, ungewiß aus wem, an, worin aus=
drücklich gesagt wird, die Materie sey nicht Körper
(ου σωμα); aber Körper ähnlich (σωματοειδη),
und dies aus dem berührten Grunde dargethan wird.
(Eclog. Phys. I, 14. p. 29.)

Wachsthum nemlich und Abnahme, welche die
Menschen Tod nennen. Diese Unordnung betrift
nur die irrdischen Thiere, weil die Körper der himm=
lischen eine einzige Ordnung haben, die sie gleich
anfangs vom Vater erhalten haben. Diese beob=
achten sie, jedes durch seine eigene Rückkehr in seinen
vorigen Zustand, unauflöslich. Der irrdischen Thie=
re Einrichtung hingegen, das ist, ihre Trennung,
geht in die unauflöslichen, das ist, unsterblichen
Körper zurück. *) Und so entsteht Beraubung der
Empfindung, allein kein Körper wird dennoch ver=
nichtet.

Das dritte Thier aber, der Mensch, der nach
der Welt Bild gemacht wird, der durch des Vaters
Willen Verstand vor allen übrigen Thieren besitzt,
der nicht allein mit dem zweyten Gotte verwandt ist,
sondern auch Begriffe von dem ersten hat; jenen
empfindet er, weil er körperlich ist, diesen aber er=
kennt er, weil er unkörperlich, Verstand, und das
Gute ist. **) Dies Thier, vergeht es nicht? —
Nicht so, mein Sohn, bedenke, was Gott, was
die Welt, was ein unsterbliches Thier, was ein zer=
störbares Thier ist. Bedenke, daß die Welt von
Gott, und in Gott; daß der Mensch von der Welt,
und

---

*) ἡ δε απρκαταϛατις των, soll wohl heissen της των.

**) καὶ νου του αγαθου, unverständlich: besser wohl
νου καὶ αγαθου. Unsere Seele ist mit Gott verwandt,
und nach der Welt=Seele Bild gemacht; denn alle Men=
schen=Seelen sind Ausflüsse der Welt=Seele, folglich in
den wesentlichen Beschaffenheiten ihr ähnlich. Eine al=
te, von den Neu=Platonikern aber mit einem Haufen
Nonsense ausgeschmückte Lehre. (Plotin, Ennead, IV, li=
ber III, sqq.)

und in der Welt; daß Gott aller Dinge Princip, alles einschließend, und alles einrichtend ist. *)

Neuntes Hauptſtück.

Hermes Trismegiſts Rede über Denken und Empfinden, und daß nur in Gott Schönheit und Güte, ſonſt aber nirgends ſind.

Geſtern, mein Aeskulap, habe ich dir die vollkommene Rede gehalten, jetzt halte ich für nöthig, hierauf auch von der Empfindung zu reden. Empfindung und Denken ſcheinen darin verſchieden, **) daß jene materiell, dies aber nicht materiell iſt. ***) Mir ſcheinen beyde vereinigt, und nicht getrennt, in den Menſchen nemlich. ****) Bey andern Thieren iſt Empfindung mit ihrem Weſen verknüpft, beym Menſchen aber das Denken. Vom Denken iſt Verſtand eben ſo unterſchieden, wie von der Gottheit Gott. Denn die Gott

---

*) Die Welt iſt in Gott nach dem Syſteme, ſowohl Plato's, als der Neu-Platoniker und Kabbaliſten, weil der Kreis des höchſten Weſen die Welt in ſich ſchließt. So dachten auch alle Philoſophen, die eine von der Materie verſchiedene Gottheit glaubten.

**) κινησις, Fluſſas νοησις, wie billig.

***) ουσιωδης, hier vermöge des Gegenſatzes immateriell. Ουσια nemlich bezeichnet, vornemlich den Platonikern, das wahrhaft Exiſtierende, im Gegenſatze der materiellen Schattenweſen.

****) εν ανθρωποις λογω, Fluſſas λεγω, nach dem Zuſammenhange.

Gottheit entsteht durch Gott, und das Denken durch den Verstand; es ist mit der Vernunft ver=schwistert, und beyde sind eins des andern Werk=zeug; weil Vernunft nicht ohne Denken, und Den=ken nicht ohne Vernunft wirkt. *) Empfindung folglich und Denken werden dem Menschen zugleich, gleichsam in einander geschlungen, mitgetheilt. Oh=ne Empfindung kann kein Denken, und ohne Den=ken keine Empfindung seyn. **)

Zwar läßt sich das Denken ohne Empfinden vorstellen, wie diejenigen, welche sich im Traume zu sehen einbilden; ich glaube aber, beyde Kräfte haben im Traume zusammen gewirkt. ***) Beym Wachen ist die Empfindung zwischen Körper und Seele vertheilt, und stimmen beyde Theile mit ein=ander überein: so entsteht das durch den Verstand erzeugte Denken. ****) Denn der Verstand erzeugt alle Gedanken, gute, wenn er von Gott den Saa=men empfängt; böse aber, wenn von einem der

Hermes Trismegist.　　E　　Damö=

---

*) λογος ist hier λογος προφορικος das ist die Sprache.
Der Sinn also: Sprache ist des Verstandes Werkzeug,
ohne Sprache kein Verstand, und ohne Worte auch kei=
ne Gedanken.

**) δυναται, Fluſſas δυνατον, nach dem Zusammenhange.
Der Satz aristotelisch, alle unsere Begriffe kommen aus
Empfindung. Ein Beweis, wie unüberlegt diese Leute
alles aufnehmen! Die Folge zeigt, daß er der Seelen
Präexistenz und Gottes unmittelbaren Einfluß auf sie
glaubte: dieser Platonischen Lehre aber widerspricht diese
Behauptung geradezu.

***) Er will den Einwurf beantworten, daß im Traume
Denkkraft allein wirkt. Empfindung, sagt er, kommt
im Wachen sowohl dem Körper, als der Seele zu; im
Traume ist nur der Seele empfindender Theil wirksam.

****) εκφωνεσθαι, wohl wieder εκφαινεσθαι.

Dämonen; weil kein Theil der Welt von Dämonen
leer ist, denn Dämonen sind von Gott getrennt. *)
Ein solcher schleicht sich ein, säet seiner eigenen Kraft
Saamen, und das Gesäete läßt der Verstand auf=
gehen, Ehebruch nemlich, Mord, Vatermord, Kir=
chenraub, Gottlosigkeit, Erhängen, Halsbrechen,
und andern dergleichen Werke der Dämonen. **)

Gottes Saamen sind zwar wenig, aber groß
und schön und gut; Tugend nemlich, Mäßigkeit
und Gottesfurcht. Gottesfurcht ist Gottes Erkennt=
niß; wer ihn erkannt, hat, mit allem Guten erfüllt,
göttliche Gedanken, nicht denen des großen Haufens
ähnlich. Daher gefallen, die in der Erkenntniß
sind, dem großen Haufen nicht, sie scheinen ihm
wahnsinnig, lächerlich, werden gehaßt, verachtet,
auch wohl erschlagen. Dem daß Laster hier, als an
seinem Platze, wohnen muß, habe ich gesagt. Sein
Platz ist die Erde, nicht die Welt, wie wohl einige
gotteslästerlich behaupten. ***) Der Gottesfürch=
tige

---

*) τω υπο του θεου πεφωτισμενω δαιμονι. Gegen
die Grammatik; und dann ist der Dämon von Gott er=
leuchtet, wie kann er böse Gedanken eingeben? Ich ver=
muthe τω απο του θεου κεχωρισθναι δαιμονα.

**) Dies, so viel ich weiß, nicht Plotinisch, wohl aber
Jamblichisch. Nach ihm giebt es böse Geister, oder
Dämonen, durch deren Eingebung die Menschen mit bö=
sen Gedanken und Lastern erfüllt werden. (Bruck. Hist.
Crit. Phil. Tom II. p. 448.) Er scheint hier, alle Dä=
monen böse anzunehmen, gegen Jamblich. Doch der
Text ist hier so unrichtig, daß man nicht versichern kann,
ob nicht die nähere Bestimmung ausgefallen ist. Die
bösen Dämonen, sagt Jamblich, lügen und betrügen in
den Orakeln, sie rathen und treiben uns zu schändli=
chen Handlungen an. (de Myst. Aegypt. p. 105.)

***) Eine bey den Alten fast allgemeine Behauptung; über
dem Monde ist alles unveränderlich, rein, göttlich; auf

tige erbuldet im Gefühl seiner Kenntniß, alles; denn
ihm ist alles, auch des andern Böse gut. Wird
ihm nachgestellt, so nimmt er stets auf sein Erken=
nen Rücksicht, und er allein verwandelt Böses in
Gutes.

Doch ich kehre wieder zur Betrachtung der
Empfindung zurück. Dem Menschen ist es eigen,
daß Empfindung und Denken verknüpft sind; *)
aber doch hat nicht jeder Mensch, wie schon gesagt,
am Denken Antheil; einige nemlich sind materiell,
andere geistig. Die im Laster materiellen bekom=
men, wie gesagt, von den Dämonen ihrer Gedan=
ken Saamen. Die hingegen im Guten geistigen
werden von Gott errettet. **) Denn Gott, der
allgemeine Schöpfer, macht im Schaffen alles sich
selbst ähnlich. Ob es aber gleich gut entstanden ist:
so wird es doch im Gebrauche seiner Kräfte un=
fruchtbar. ***) Denn die Bewegung in der Welt
verringert das Entstandene, und modificiert es, in=
dem sie einiges mit Fehler befleckt, anderes aber
des Guten beraubt. ****)

E 2   Die

Erben aber grobe, veränderliche Materie, des Uebels
Wohnsitz.

*) ανθρωπινον ουν το κοινωνησαι ανθρωπω αισθη-
σιν νοησει; hat keinen Sinn, streicht man ανθρωπω
weg: so wird Licht.

**) οι δε μετα του αγαθου ουσιωδας — σωζο-
μενοι. Gleichfalls ohne Verbindung, vermuthlich οι —
ουσιωδεις — σωζονται.

***) αφορα sagt nichts, ficin sterilia, er las also αφορα,
dies läßt sich verstehen.

****) Deutlicher, was Plotin nach seiner Art in dunkle Ab=
straktion hüllt. Das ungeordnete, verwirrte, unbestimm=
te Wesen, mit einem Worte, die Materie, ist des Ue=

Die Welt, mein Aeskulap, hat eine eigene
Empfindung, und ein eigenes Denken, *) dem
menschlichen unähnlich, nicht so mannigfaltig, sondern besser und einfacher. Der Welt Empfinden
und Denken ist Eins, dadurch, daß sie alles hervorbringt, und in sich selbst wieder auflöst; es ist ein
Werkzeug des göttlichen Willens, deswegen zum
Werkzeuge gemacht, damit sie alle Saamen durch
Gott aus sich selbst hernähme, in sich aufbewahrte,
alles ans Licht brächte, und auflösend verjüngte.
Was hiedurch aufgelöst ist, dem giebt sie, gleich einem guten Ackersmann, des Lebens, in der Zerstöhrung Verjüngerung, durch ihre Bewegung. Nichts
ist, das sie nicht belebt, durch Bewegung macht sie
alles lebendig, sie ist zugleich Ort und Urheberin
des Lebens. **)

Die Körper hingegen sind aus verschiedener
Materie; einige aus Erde, andere aus Wasser, andere aus Luft, noch andere aus Feuer. Alle aber
zusammengesetzt, einige mehr, andere weniger;
mehr, die schwereren; weniger, die leichtern. Die
Schnelligkeit der Weltbewegung erzeugt der Körper
Mannichfaltigkeiten. Ein mächtiger Hauch giebt
den

---

bels Sitz. Dies ist immer dürftig, hungrig, mangelhaft, folglich des Uebels Quelle. (Ennead. I, II, 3.)
Daß fast alle alte Philosophen das Uebel allein aus dem
ewigen Materien-Wesen zu erklären suchten, ist bekannt.

*) κινησιν, Flußas νοησιν mit Recht.

**) Die Welt nemlich, nebst allen Gestirnen, ist beseelt,
sie hat eine gemeinschaftliche, jedes Gestirne seine eigene
Seele. So lehrten alle Philosophen Griechenlandes;
die die Welt-Entstehung nicht einem bloßen Ungefehr,
oder einer todten Nothwendigkeit zuschrieben.

den Körpern ihre Beschaffenheiten, nebst ihrem Complemente, dem Leben. *)

Der Welt Vater also ist Gott; der Dinge in der Welt, die Welt; die Welt ist Gottes Sohn, was in der Welt ist, von der Welt gezeugt. Mit Recht heißt sie κοσμος. denn sie schmückt alles durch der Hervorbringung Mannigfaltigkeit, durch ununterbrochenes Leben, durch unermüdete Wirksamkeit, durch schnelle Nothwendigkeit, durch Verbindung der Elemente, **) und durch Ordnung in den Entstehungen. Nothwendig also und eigentlich heißt sie Welt. Aller Thier= Empfindung und Denken kommt von außen hinein; sie hauchen sie von dem sie umschließenden Wesen ein; die Welt hat sie einmal bey ihrer Entstehung von Gott em= pfangen. ***)

Gott aber ist nicht nach einiger Meynung oh= ne Empfindung und Denken, denn aus Aberglau= ben begehen sie Gotteslästerung. Alles, was ist, mein Aeskulap, ist in Gott, entsteht durch Gott, und hängt von ihm ab, es sey nun, daß es körper= lich wirkt, oder durch Seelen=Natur bewegt, oder
E 3   durch

---

*) πνοη, er versteht wohl den oben genannten λογον πνευματικον, das ist die durch Gottes Kraft beseelte Luft, oder Welt=Seele, welche alle Körper bildet. Doch denkt er darin mehr alt=Platonisch, da er die Welt Gottes Sohn gleich unten nennt, also nicht mit jenem Verfasser eine andere Person der Gottheit vor der Welt und von ihr verschieden annimmt.

**) συσκιασει, Flusses συτασει bequemer.

***) Der Alten gewöhnlich Meynung; auch die Stoiker lehrten, durch Einathmen würden erst die Thiere lebend, indem sie aus der umgebenden belebenden Luft Leben einhauchten.

durch Geistes-Wesen belebt, oder auch das Ermü-
dete aufnimmt. Und dies mit Recht. Doch sage
ich lieber, nicht daß Gott alles hat, *) sondern nach
der Wahrheit. daß er alles ist. Nicht weil er es
von außen bekömmt, sondern es außer sich darstellt.
Und dies ist Gottes Empfindung und Denken, daß
er stets alles bewegt, und daß nie eine Zeit seyn
wird, wo etwas vergeht; von dem was ist, das ist
von Gott. Denn Gott hat alles, was ist, nichts
ist außer ihm, noch Er außer einem andern.

Dies wird dir, mein Aeskulap, bey der Ein=
sicht wahr, bey dem Mangel an Kenntniß aber un=
glaublich vorkommen. Denn denken heißt glauben,
nicht glauben auch nicht denken. Meine Rede reicht
bis an die Wahrheit; der Verstand ist groß und von
der Vernunft bis auf einen gewissen Punkt geleitet,
kann er die Wahrheit selbst erreichen. **) Ueber=
denkt er nun alles, findet er es mit dem von der
Vernunft ihm offenbarten übereinstimmend: so
glaubt er es, und beruhigt sich bey dem schönen
Glauben. Welche also das von Gott gesagte ***)
denken, die glauben es; welche es nicht denken,
glauben es nicht. Dies, und so viel sey vom Den=
ken und Empfinden genug. ****)

Zehn-

---

*) λεγω οτι ουκ αυτος αυτα εχει, passender wohl
ουχ οτι αυτος etc.

**) Vernunft (λογος) bedeutet hier, wie die Folge lehrt,
göttliche Erleuchtung, oder übernatürliche Vernunft;
νους hingegen natürlichen Verstand.

***) ὑπο, Fluffas επι, unnöthig; denn auch ὑπο wird
so gebraucht.

****) Was hier vom Glauben gesagt wird, ist aus keiner
Philosophen-wohl aber Christen-Schule.

Zehntes Hauptſtück.

Hermes Trismegiſts Schlüſſel.

Verhältniß Gottes zur Welt; Natur der menſchlichen Seele.

Die geſtrige Rede habe ich an dich, mein Aeskulap, gerichtet. Die heutige muß ich billig an den Tat richten, weil ſie ein kurzer Innbegrif der einzelnen an ihn gehaltenen Reden iſt.

Gott, und der Vater, und das Gute, mein Tat, ſind einerley Weſens, oder vielmehr ein Weſen. Jene Benennung geht auf Natur und Wachsthum, als welche ſich in veränderlichen, beweglichen, und unbeweglichen, das iſt, göttlichen und menſchlichen Dingen, finden, wozu auch Gott gehört. An andern Orten aber habe ich gelehrt, was die Exiſtenz iſt, wie man ſie ſich bey göttlichen und menſchlichen Dingen vorſtellen muß. *)

Seine Kraft iſt Wollen, und ſein Weſen, daß er allem Daſeyn geben will. Denn was iſt Gott, Vater, und das Gute anders, als exiſtieren, wenn nichts ſonſt mehr exiſtiert, als der Dinge Daſeyn ſelbſt. **) Dies iſt Gott, dies der Vater, dies das Gute, das keines andern bedarf. ***) Die

E 4   Welt

---

*) Eine verworrene Stelle, deren Sinn ich nicht heraus bringen kann. Es iſt davon in dieſen Schriften nichts zalſo verloren: überhaupt bedürfte dieſer Schlüſſel eines neuen.

**) Auch hier finde ich nichts erträgliches zu denken, daß hat der Text keine rechte Verbindung.

***) ὡ μηδεν προϛεϛι των αϰϰων. Fluſſas cui reliquorum nihil additur. Ficin applicatur. Erſteres richtiger:

Welt und die Sonne sind durch Mittheilung auch
Vater; aber doch nicht auf gleiche Weise Ursache
des Guten der Thiere, noch des Lebens. Wenn
dies: so wird sie von dem Willen des Guten ge=
zwungen, ohne den nichts seyn und entstehen kann.
Der Vater ist Ursache seiner Kinder, sowohl der
Hervorbringung, als auch der Ernährung nach;
weil er die Begierde nach dem Guten durch die Son=
ne empfangen hat. Denn das Gute ist das Wirk=
same, dies aber kann keinem, außer dem, der nichts
empfängt, und allen Daseyn geben will, zukommen.
Ich sage nicht, mein Tat, dem Wirkenden, denn
der Wirkende ist mangelhaft in Ansehung der Zeit,*)
darin, daß er bald wirkt, bald nicht wirkt, auch in
Ansehung der Qualität und Quantität, denn bald
bringt er Dinge mit Qualitäten und Quantitäten
hervor; bald aber entgegengesetzte. **) Gott hin=
gegen der Vater, und das Gute, besteht darin, daß
sie alles sind. So zeiget sich dies dem, der es se=
hen kann, dies will es seyn, dies ist es, vorzüglich
aber ihm selbst. Alles übrige ist durch ihn: des
Guten Eigenschaft, mein Tat, ist, daß das Gute
erkannt werde.

Du hast uns, o Vater, mit dem guten und
schönsten Schauspiele gesättigt, beynahe wäre mein
Verstandes = Auge von einem solchen Anblicke er=
starrt.

---

die Folge scheint zu wollen, daß es hier für bedürfen
steht.

*) εΛιπης εςι πολω χρονω, dies hat mit dem folg=
genden keinen Zusammenhang; ich vermuthe τω χρονω.

**) και ποιοτητος και ποσοτητος, gleichfalls ohne Zu=
sammenhang, wie wenn ποιοτητι και ποσοτητι?

ſtarrt. *) Nicht, wie der feurige Sonnenſtrahl
glänzt, und die Augen verſchließen macht, iſt das
Anſchauen des Guten. Vielmehr glänzt es, aber nur
ſo ſtark, als derjenige zu ertragen vermag, der des in=
tellektuellen Glanzes Einſtrömen aufnimmt. **) Er
iſt zu ſtark, als daß man ihn ganz faſſen könnte; aber
doch unſchädlich und der Unſterblichkeit voll. ***)—

Die etwas mehr vom Anſchauen ſchöpfen kön=
nen, werden oft durch den Körper eingeſchläfert ****)
zum ſchönſten Anblicke, wie Uranus und Saturn
unſern Vorfahren, begegnet iſt. — *****) Möch=
ten auch wir es, mein Vater — Freylich möch=
ten wir, mein Sohn; jetzt aber ſind wir zu dieſem
Anblick zu ſchwach, und folglich können wir unſers
Verſtandes Augen nicht aufthun, und jene unſterb=
liche, unbegreifliche Schönheit des Guten ſchauen.
Alsdann wirſt du es ſchauen, wenn du nichts davon
ſagen kannſt, denn ſeine Erkenntniß und ſein An=
ſchauen iſt Stillſchweigen und Einſchläferung aller
Sinne. Nichts anders kann der denken, der dies
denkt, nichts anders ſehen, der dies ſieht, von
E 5   nichts

---

*) εσεβαθη ὁ του νου οφθαλμος. Fluſſas, ſanctior
effectus eſt oculus. Ficin expiatus eſt. Beyde nicht paſ=
ſend, σεβαζεθαι heißt auch obſtupeſcere.

**) εφ ὁσον δυναται ὁ δυναμενος δεξαθαι, das
letztere überflüſſig, vielleicht ὁ δεχομενος.

***) ανωπλεως ἡν, es hängt mit εσι zuſammen, alſo
ἡν entbehrlich.

****) πολλακις δε, das letztere überflüſſig.

*****) ὁσπερ ουρανος, wahrſcheinlich ὡσπερ. Anſpie=
lung auf alte Fabeln, die die neuern Platoniker ihrem
Syſteme gemäß zu erklären ſuchten. Den Sinn ſehe
ich, aus Mangel an beſtimmten Nachrichten, nicht.

nichts anders hören, *) noch überhaupt den Körper
bewegen, weil alle seine körperlichen Sinne und Be=
wegungen zurück gehalten werden, und er ruht. Durch
Umleuchtung des ganzen Verstandes und der gan=
zen Seele glänzt es, und zieht sie durch den Körper
hinauf, und verwandelt den Menschen ganz in Geist.
Denn unmöglich kann eine Seele im menschlichen
Körper göttlich werden, daß sie durch Anschauen der
Schönheit des Guten sich mit Gott vereine. —

Wie verstehst du das, mein Vater? — Jede
Seele, mein Sohn, wird vertheilt. — Aber durch
welche Veränderungen? — **) Hast du nicht in
den einzelnen Reden gehört, daß von der einzigen
Welt=Seele alle Seelen entspringen, die in der gan=
zen Welt herum wallen, gleichsam in verschiedene
Regionen vertheilt? Diese Seelen nun sind manchen
Veränderungen unterworfen; einige zu höherm
Glücke, andere zum Gegentheil. Die kriechenden
verwandeln sich in Wasser = Thiere; die der Wasser=
Thiere in Land = Thiere; die der Land = Thiere in
fliegende; die lüftigen in Menschen; die menschli=
chen, welche Theil an der Unsterblichkeit haben, in
Dämonen; diese gelangen zum Chor der unbeweg=
lichen Götter.

Es giebt nemlich zween Götter=Chöre, einer
der unbeweglichen, der andere der beweglichen. ***)

Dies

---

*) Θεια, Fluffas Θεα; ανθρωπου, Fluffas αλλου,
dem Sinne gemäß.

**) πασης ψυχης διαιρετης. — μεταβολαι δε πως
παλιν διαιρετης. Ohne allen Zusammenhang. Ich
vermuthe πασα Φυχη διαιρεται. μεταβολαις
δε τισι πως πασα διαιρεται;

***) Erstere die Fixsterne, letztere die Planeten, die Namen
πλανωμενοι und απλανεις, zeigen dies hinlänglich.

Dies iſt der Seele höchſte Ehre. Wenn eine Seele in einem menſchlichen Körper angelangt, böſe
bleibt, ſo ſchmeckt ſie die Unſterblichkeit nicht, und
wird des Guten nicht theilhaftig; ſie geht vielmehr
rückwärts *) zu den kriechenden Thieren. Dies iſt
der böſen Seele Beſtrafung.

Der Seele Fehler aber beſteht in Unwiſſenheit.
Eine Seele, die von den Dingen und ihrer Natur
nichts erkannt hat, wird blind von körperlichen Eindrücken herum getrieben. **) Die unglückliche,
ſich ſelbſt unbekannte, dient monſtröſen und ſchlech=
ten Körpern, ſie trägt den Körper wie eine Laſt,
herrſcht nicht, ſondern wird beherrſcht. Dies iſt
der Seele Fehler. Tugend der Seele hingegen iſt
Erkenntniß; denn wer Erkenntniß hat, iſt gut,
fromm, und ſchon göttlich.

Und wer iſt denn ein ſolcher, mein Vater,
der weder viel plaudert, noch viel hört; denn wer mit
Schwatzen und Geſchwätz hören ſeine Zeit zubringt,
mein Sohn, der verdirbt ſie. Gott, der Vater,
und das Gute, wird weder geſprochen, noch gehört.

Da ſich nun dies ſo verhält: ſo ſind Empfindungen in allen Dingen, weil ſie ohne das Gute
nicht

Von der Seelenwanderung ſpricht Plotin ſo: die ſich
an Muſik ergötzt haben, werden muſikaliſche Thiere,
die ohne Vernunft regiert haben, Adler. Von der Er-
höhung ſpricht er nicht, wohl aber Jamblich, als welcher behauptet, die guten würden Dämonen, Engel u. ſ. w.
(Plotin. Ennead. III, IV, 2. Bruck. Hiſt. Crit. Phil. Tom.
II. p. 440.)

*) παλισσυρτος, der Stobenſer παλισσυτος richtig.
(Eclog. Phyſ. I. p. 128.) Einige nicht erhebliche Verſchiedenheiten übergehe ich.

**) ΑΤΑΧΘΕΙ ΤΟΙΣ ΠΑΘΕΣΙ, ſicher ΕΥΤΑΧΤΕΤΑΙ.

nicht feyn können. *) Erkenntniß aber ist von
Empfindung sehr verschieden. Empfindung kommt
dem unvollkommenern zu, **) Erkenntniß aber ist
der Wissenschaft höchster Grad, und Wissenschaft
Gottes Geschenk. ***) Denn alle Wissenschaft ist
unkörperlich, ihr Werkzeug ist der Verstand selbst;
des Verstandes aber der Körper. Beyde also kommen intellektuellen und materiellen Körpern zu, weil
alles aus Gegensätzen und entgegenstehenden Dingen
bestehen muß. Und zwar kann dies nicht anders
feyn. ****)

Wer ist denn nun dieser materielle Gott? —
Die schöne Welt, die aber nicht gut ist, denn sie ist
materiell, und leicht Veränderungen unterworfen.
Sie ist unter allen veränderlichen Wesen das erste,
aber unter den Dingen selbst das andere, und an
sich mangelhaft; sie ist zwar einmal entstanden, aber
doch stets existierend, und zwar entstehend, und
stets werdend. Sie entsteht aus Qualitäten und
Quan=

---

*) μη δυναϑαι ειναι χωρις αυτου, besser αυτων,
wenn es nicht etwan auf αγαϑου gehen soll.

**) αιϑησις γινεται του επικρατουντος, dabey
wüßte ich nichts zu denken, auch sagt er gleich hernach,
der Körper sey des Verstandes Organ; folglich hat er
wohl geschrieben επικρατουμενου.

***) γνωσις, göttliches Anschauen, also Offenbarung.

****) σωματα νοητα τε και τα υλικα. Nach der
Alten Sprache eine Widerspruch; denn Körper ist den
Alten, was aus Materie besteht. Er versteht darunter
wahrscheinlich die intellektuellen Körper-Formen in der
Ideen-Welt.

Quantitäten, weil sie veränderlich ist; denn alle materielle Veränderung ist Entstehung. *)

Die intellektuelle Ruhe aber bewegt die materielle Bewegung so:**) weil die Welt eine Kugel ist: so ist sie auch Kopf. Oberhalb des Kopfes aber ist nichts materielles, so wie unter den Füssen nichts intellektuelles, sondern lauter materielles. Der Verstand nun ist der Kopf, und bewegt im Kreise, das ist der Natur des Kopfes gemäß. Was folglich mit der Membran dieses Hauptes vermengt ist, worin die Seele wohnt, das ist unsterblich; denn der Körper ist gleichsam in der Seele gebildet, und die Seele mit dem Körper angefüllt. ***) Was aber fern von dieser Membran ist, da, wo die Wesen wohnen, welche mehr Körper als Seele haben, das ist sterblich. ****) Nun ist das Universum ein

---

*) Die Welt ist das andere Wesen, also unmittelbar nach dem höchsten Gotte, also hier alt-Platonische Lehre. Sie ist zwar entstanden, aber doch ewig, denn sie ist von Ewigkeit her von Gott ausgeflossen.

**) Die intellektuelle Ruhe, das ist, der höchste nicht bewegte, unbewegliche Gott. Aristotelisch.

***) ωσπερ εν ψυχη δε hat keinen Zusammenhang; ich halte es für Beweis des vorhergehenden, folglich stand wohl ehemals γαρ. Auch Plotin lehrt, daß nicht die Seele im Körper, sondern der Körper in der Seele ist. (Ennead. IV, III, 20.)

****) τα δε πορρω του υμενος, εν ω το πλεον εχοντα της ψυχης το σωμα. Hier ist gar kein Sinn; der Verbindung nach erwartet man, daß er Grund angeben wird, warum das von der Membran entfernte sterblich ist. Folglich muß man lesen τα δε πορρω του υμενος, εν ω τα πλεον εχοντα της ψυχης το σωμα, θνητα πεφυκε.

ein Thier, folglich besteht es aus materiellen und
intellektuellen Wesen. *)

Die Welt ist das erste, der Mensch das an=
dere Thier nach der Welt, unter allen sterblichen
Thieren ist er zuerst beseelt. **) Doch ist er nicht
mir nicht gut, sondern auch böse, als sterblicher, die
Welt ist als veränderlich nicht gut, aber als unsterb=
lich nicht böse. Des Menschen Seele nemlich ist
in folgende Vehikeln eingeschlossen, der Verstand
in der Vernunft, die Vernunft in der Seele, die
Seele

---

*) Diese Vergleichung der Welt mit der Menschen=Gestalt
finde ich bey den Neu=Platonikern nicht. Wahrschein=
lich ist sie aus dem Cabbalisten=Systeme entlehnt, und
von deren Adam Kadmon genommen. Auch wüßte ich
diese Vorstellungs=Art bey keinem Griechen, außer in
einem Orphischen Gedichte, gefunden zu haben, deren
Verfasser aber größtentheils zu der Klasse der neu=Pla=
tonischen Philosophen gehörten. Sie scheint Morgen=
ländischen Ursprungs; ein Buch der Samanäischen Sekte
drückt sich darüber etwa so aus: des Menschen Augen,
Ohren, Mund sind die 7 Planeten; das Haupt ist der
Himmel; der Körper die Erde; die Nerven das Meer;
die Adern die Flüsse; die Seele endlich, nemlich die re=
spirierende, von der vernünftigen belebte Seele, ist der
Seele des Universums ähnlich. (S. de Guignes Un=
tersuchungen über die Samanäischen Philosophen in Hiß=
manns Magaz. der Philos. Th. III. p. 94.) Untersuchte
man der Morgenländer Lehre genauer, man würde sicher
mehr Uebereinstimmung mit diesen Schriften finden,
doch das glänzt nicht, und glänzend und leicht muß alles
seyn, was unserm seidenen Publikum gefallen soll.

**) κοσμος πρωτος, Φλυσας πρωτον — πρωτον
δε των Ͽνητων, Φλυσας πρωτος, mit Recht; der
Stobenser πρωτον, man sieht aber aus ihm den Zu=
sammenhang nicht. Andere, den Sinn nicht wesentlich
ändernde Abweichungen, übergehe ich. (Stob. Eclog. Phys.
I. p. 89.)

Seele im Geiſte, der Geiſt im Körper. Der Geiſt
durchbringt Blut=Adern, Schlag=Adern, und das
Blut, er bewegt das Thier, und trägt es gewiſſer=
maßen. Daher haben auch einige die Seele für
das Blut gehalten; weil ſie ſich in ihrer Natur irr=
ten, und nicht wußten, daß der Geiſt zuerſt in die
Seele dringen, alsdann das Blut ſich verdicken,
Blut=und Schlag=Adern leer werden, und alsdann
das Thier zu Grunde gehen muß; und daß dies
des Körpers Tod iſt. *)

Alles hängt von einem Princip ab; und dies
Princip kommt von Einem und Einzigem. Das
Princip bewegt ſich, damit es immer Princip werde;
das Eine hingegen allein ruht, und bewegt ſich
nicht. **) Folglich ſind dieſe drey Weſen, Gott,
der Vater und das Gute, die Welt und der Menſch).
Die Welt enthält Gott in ſich; den Menſchen die
Welt; die Welt iſt Gottes Sohn; der Menſch
aber der Welt Kind. Der Menſch iſt Gott nicht
unbekannt, er kennt ihn ſehr wohl, und will von
ihm erkannt werden. Dies iſt des Menſchen einzi=
ges Heils=Mittel, Gottes Erkenntniß. Sie iſt die
Erhebung zum Olymp; nur hiedurch wird eine See=
le gut; und die gute nie böſe. Und dies wird ſie
nothwendig —

Wie

---

*) Auch dies ſcheint kabbaliſtiſch; nach dieſem beſteht die
Seele aus verſchiedenen einander umſchließenden Thei=
len. (Bruck. Hiſt. Crit. Phil. Tom. II. p. 1043.) Auch
die neuern Platoniker ſprachen von Vehikeln der Seele;
doch finde ich bey ihnen nicht ſo viele. (Cudworth. Syſt.
Int. Tom. II. Cap. V, ſect. 3. § 15.)

**) Ariſtoteliſch; die erſte Urſache aller Bewegung iſt ihm
unbeweglich; damit aber durch ſie nicht alles einförmig
werde: ſo iſt noch ein anderes bewegendes, und zugleich
bewegliches Princip vorhanden. (Ariſtot. Phyſ. VIII, 6.)

Wie verstehst du das, o Trismegist? — Betrachte, mein Sohn, eines Kindes Seele, die noch nicht geschieden ist, weil der Körper noch klein, und nicht ganz erwachsen ist. *) — Wie nun? — Sie ist noch überall schön anzusehen, und von den körperlichen Eindrücken noch nicht befleckt; fast noch an die Welt=Seele geknüpft. Wenn aber der Körper zunimmt, sie in des Körpers Ausdehnung herabzieht, und sie dadurch abgesondert wird: so entsteht daraus Vergessenheit, und sie hat keinen Theil am Schönen und Guten; denn die Vergessenheit verdirbt sie. Eben dies wiederfährt auch den aus dem Körper gehenden. Denn die in sich selbst zurück kehrende Seele zieht den Geist in das Blut zurück, die Seele in den Geist. Der Verstand aber, weil er von Natur göttlich ist, von seinen Bekleidungen gereiniget, und sich an den feurigen Körper hängend, durchwandert alles, und überläßt die Seele dem Gerichte und ihrem verdienten Urtheile.

Wie meynst du das, mein Vater? Der Verstand trennt sich von der Seele, die Seele vom Geiste, da du doch gesagt hast, die Seele sey des Verstandes, der Geist aber der Seele Kleid. — Der Hörer, mein Sohn, muß dem Redenden nachfolgen, mit ihm übereinstimmen, und die Stärke der Stimme des Redenden an Schärfe des Gehörs übertreffen. Die Zusammensetzung dieser Bekleidungen, mein Sohn, geschieht in einem irrdischen Körper, weil der ganz reine Verstand unmöglich einen irrdischen Körper ganz blos bewohnen kann. Der irrdische Körper kann ein so großes unsterbliches

*) Die Folge erklärt es, sie hängt noch mit der Welt=Seele zusammen.

ches Wesen nicht tragen, noch der veränderliche
Körper eine so große Kraft in der Verbindung mit
ihr faſſen. *) Er hat alſo die Seele gleichſam zum
Gewande erhalten. Da aber auch die Seele gött=
lich iſt: ſo bedient ſie ſich des Geiſtes als Die=
ners; **) der Geiſt aber regiert das Thier. Wenn
alſo der Verſtand ſich vom irrdiſchen Körper trennt:
ſo zieht er gleich ſein eigenes feuriges Kleid an, wo=
mit er nicht in den irrdiſchen Leib einziehen konnte;
weil die Erde das Feuer nicht erträgt. Denn auch
von einem kleinen Funken wird ſie ganz ver=
brannt. ***) Darum iſt auch das Waſſer um die
Erde gegoſſen, um gleich einer Feſtung und Mauer
ſich des Feuers Flamme zu widerſetzen. Der Ver=
ſtand, als das durchdringendſte aller göttlichen Ge=
danken, und durchdringender, als alle Elemente,
hat das Feuer zum Körper. Denn der Schöpfer
aller Welten bedient ſich des Feuers zur Schöpfung;
der Schöpfer des Alls zur Hervorbringung aller
Dinge; der Schöpfer des Menſchen zur Hervor=

Hermes Trismegiſt. F brin=

---

*) συγχρωματιζομενον αυτω. Wahrſcheinlich αυτη.
So auch der Stobenſer, für das unverſtändliche Verbum
hat er συγχρατιζομενον.

**) καθαπερει πυρι. der Stobenſer, καθαπερ υπη-
ρετε, fehlerhaft, für υπερετη. Einige nicht ſo we=
ſentliche Verſchiedenheiten übergehe ich. (Stob. Eclog.
Phyſ. I. p. 90.)

***) Die Dämonen ſind, nach Plotin, feuriger Natur, und
weil Feuer das oberſte, die Welt regierende Element,
mithin die Welt=Seele iſt; weil aus ihr die andern
geiſtigen Weſen entſpringen: ſo ſind ſie auch, in Anſe=
hung der Denkkraft, vornemlich feuriger Natur. (Plo=
tin. Ennead. II, I, 6.)

****) ὁ δε του ανθρωπου, ſc. δημιουργος. Fluſſas
hominis mens, unrichtig. Ficin: omnis autem faber;

bringung aller irrdischen. ****) Der vom Feuer
entblößte Verstand des Menschen kann das göttliche
nicht hervorbringen, weil er seiner Einrichtung nach
menschlich ist.

Des Menschen Seele, doch nicht jede, son=
dern nur die fromme, ist göttlich. Eine solche See=
le, die den Kampf der Frömmigkeit gekämpft hat,
(der Frömmigkeit Kampf aber ist, Gott erkennen,
und keinem Menschen Unrecht thun) wird, nach ih=
rer Trennung vom Körper, ganz Verstand. *)
Die gottlose Seele hingegen bleibt in ihrem We=
sen, von sich selbst gestraft, und einen irrdischen
menschlichen Körper suchend, um ihn zu beziehen.
Denn kein anderer Körper faßt die menschliche See=
le; und eine menschliche Seele kann zum Körper
eines unvernünftigen Thieres nicht herabsinken.
Dies ist Gottes Gesetz, daß eine menschliche Seele
vor solcher Beschimpfung bewahrt werde. **)

Wie wird denn, mein Vater, die menschliche
Seele gestraft? — Giebt es wohl, mein Sohn,
eine größere Strafe, als Gottlosigkeit? Welches
Feuer

---

vielleicht ein Druckfehler, für hominis. Feuer ist Gottes
Werkzeug, weil er durch die Welt=Seele alles hervor=
bringt. Des Menschen Schöpfer ohne Zweifel die Son=
ne, wie oben schon einmal vorkam; und von fast allen
* Alten geglaubt wurde, die des Menschen Entstehung
der Sonnenwärme, es sey nun durch mechanische Er=
wärmung des Erdballs, oder durch absichtliche Bildung,
zuschrieben.

*) Θεος γινεται — η δη νους γινεται, der Stoben=
ser zusammenhängender so; ηγωνισμενη (αγιον δε
ευσεβειας — αδικησαι) ελη νους γινεται.
(Stob. Eclog. Phys. I, p. 128.)

**) Dies also gegen Plotin; und dem oben gesagten förm=
lich widersprechend.

Feuer hat eine solche Flamme, als die Gottlosigkeit? Welches beißende Thier kann den Körper so
scharf beißen, als Gottlosigkeit die Seele? Siehst
du denn nicht, welche Quaalen die gottlose Seele
aussteht? sie ruft und schreyt: ich brenne, verbrenne,
weiß nicht, was ich thun, sagen soll. Ich unglückliche, werde von meinen Quaalen verzehrt, ich sehe,
ich höre nicht. Sind dies nicht Ausrufungen einer
gestraften Seele? Der große Haufe, und auch du,
mein Sohn, bildest dir ein, daß die aus dem Körper gehende Seele in ein Vieh verwandelt wird,
welches ein großer Irrthum ist.

Vielmehr wird die Seele so bestraft: wenn
der Verstand zum Dämon wird; so ist ihm von
Gott ein feuriger Körper bestimmt. Er bezieht die
gottlose Seele, und züchtiget sie mit der Geissel ihrer Vergehungen. *) Hiemit gefesselt wendet sich
die gottlose Seele zu Mordthaten, Beschimpfun-
gen, Gotteslästerungen, und mancherley Gewalt-
thätigkeiten, wodurch dem Menschen Unrecht geschieht. Kommt aber der Verstand in eine fromme
Seele: so leitet er sie zum Lichte der Erkenntniß.

F 2

Eine

---

*) των αμαρτανοντων. Vielleicht αμαρτηματων.
Nach dem Zusammenhange kann ich mir dies nicht anders, als so vorstellen: der Verstand trennt sich nach
dem Tode von der gottlosen Seele, bekommt einen feurigen Körper, und wird dann wieder zu der vorigen Seele, sie zu bestrafen, zurück geschickt. Abweichend von
der Lehre einiger vorhergehenden Abhandlungen, dort
wurde die Strafe einem besondern Dämon zugeschrie-
ben; auch von Plato; denn ihm ist Herumwanderung
in Thier-Seelen, nebst dem Welzen in Kothe und Feuer
des Tartarus, Strafe genug. Vermuthlich ist diese Er-
klärungs-Art aus einem Zusatze christlicher Ideen er-
wa chsey.

84

Eine solche Seele wird des Preisens nicht satt, *) sie kann nicht genug allen Menschen Gutes sagen, und in Worten und Werken Gutes thun, ihrem Vater nachzuahmen. **)

Dankbar also, mein Sohn, muß man zu Gott um guten Verstand flehen. Denn diese Seele vervollkommet sich immer, verschlimmern hingegen kann sie sich nicht. Die Seelen nemlich haben mit einander Gemeinschaft, die der Götter, mit den der Menschen, Gott aber mit allen; denn er ist mächtiger, als alle, und alle sind unter ihm. Ihm ist die Welt unterworfen, der Mensch aber der Welt, und die unvernünftigen Thiere dem Menschen. Gott ist aber alles, und nur alles. Gottes Strahlen sind die Kräfte, der Welt Strahlen die natürlichen Wesen, des Menschen, die Künste und Wissenschaften. Die Kräfte wirken durch die Welt, und auf den Menschen durch die physische Strahlen der Welt: die natürlichen Dinge durch die Elemente; die Menschen aber durch Künste und Wissenschaften. ***) Dies ist des Universums Einrichtung, geknüpft an das Wesen der Einheit, sich erstreckend durch den Verstand der Einheit, der unter allen das göttlichste, kräftigste, und das mächtigste Band ist, die Menschen mit den Göttern, und die Götter mit den Menschen zu vereinigen. Dies ist der gute Dämon. Glücklich, die mit ihm erfüllte Seele! Unglücklich, die seiner beraubte Seele! ****)

Wie

*) ὑπνουσα, Flussas ὑμνουσα mit Recht.

**) εμποιουσα, Flussas ευ ποιουσα, gleichfalls.

***) Scheint kabbalistisch; beym Plotin geschieht der Einfluß durch die Ideen.

****) Wer dieser Dämon? Wirkung der Götter auf die Menschen? So will es der Zusammenhang; aber dann sind

Wie meynst du denn dies, mein Vater? — Glaube, mein Sohn, daß jede Seele guten Verstand hat, denn von diesem, nicht aber dem dienstbaren ist jetzt die Rede, von dem ich oben gesagt habe, daß er durch das Urtheil hinabgeschickt wird. *) Eine Seele ohne Verstand kann nichts sagen, noch thun. **) Denn manchmal trennt sich der Verstand von der Seele, und zu der Zeit sieht sie nicht, hört nicht, sondern gleicht einem unvernünftigen Thiere. So groß ist des Verstandes Kraft! Eine solche an den Körper klebende Seele, die von ihm unten gemartert wird, verläßt der Verstand. Eine solche Seele, mein Sohn, hat keinen Verstand; daher auch ein solcher nicht Mensch heissen darf. Denn der Mensch ist ein göttliches Thier, und kann mit andern irrdischen Thieren nicht, nur mit den obern Göttern im Himmel verglichen werden; oder vielmehr, wenn ich es wagen darf, die

F 3   Wahr-

Götter und Dämonen nicht unterschieden; und was wird denn aus dem bösen Dämon? Leute von so unbestimmten Begriffen, von so schwärmender Phantasie, auf feste Ideen zu bringen, ist wohl nicht möglich; sie wissen selbst nicht immer, was sie sagen.

*) Der den Menschen quälende, und ihm zur Strafe geschickte, also dienstbare, weil er auf Befehl der Gottheit martert. Hier, und in der Folge dieselbe Verwirrung; erst hat jede Seele guten Verstand, ($νουν αγα-θον$) das ist, einen Theil der Gottheit, einen guten Dämon; und hernach hat sie ihn auch nicht.

**) $ειρξαι$, flussas facere, also wohl $ερξαι$; so auch der Stobenser. (Eclog. Phyl. I p. 89.) Es sind noch andere Verschiedenheiten, von denen sich aber nicht genau bestimmen läßt, welche die wahre Lese-Art, weil beyde Fälle Sinn haben.

Wahrheit zu sagen, der wahrhafte Mensch ist noch über sie; wenigstens sind sie doch einander vollkommen gleich. *)

Denn jeder himmlischer, auf die Erde herabsteigender Gott verläßt des Himmels Bezirk; der Mensch hingegen steigt zum Himmel hinauf, ermißt ihn, und weiß, was in ihm erhaben und tief ist, alles übrige begreift er genau. Was das vornehmste ist, auch ohne die Erde zu verlassen, steige er hinauf; so groß ist seine Sphäre. **) Also was gleichs, zu sagen, daß der Mensch auf Erden ein sterblicher Gott; der Gott im Himmel aber ein unsterblicher Mensch ist. Durch diese beyde folglich, die Welt und den Menschen, wird alles regiert, von der Einheit aber alles mit einander.

Eilftes Hauptstück.
Der Verstand an Hermes. ***)
Desselben Innhalts, Beweise von Gottes Einheit.

Behalte meine Rede, o Trismegist, und denke an meine Worte. Ich trage kein Bedenken,

---

*) Von andern Philosophen nicht, wohl aber von den Stoikern weiß ich, daß sie sich zuweilen, und vorzüglich Seneka, so vermessen ausdrücken.

**) εκτασεως, der Stobenser εκςασεως, der Entzükung; dies scheint doch bequemer, weil die Ekstase eben beschrieben ist. Aber welche Prahlerey! Nur ein des menschlichen Geistes Schwäche nicht fühlender Fanatiker kann so sprechen.

***) Der Verstand (νους) ist hier Gott, also das Ganze, Mittheilung in einer Ekstase, einem Anschauen Gottes.

len, dir alles so zu sagen, wie es mir in den Sinn
kommt. — Da ich unter den vielen und verschie=
denen Meynungen vieler über das All und Gott,
noch die Wahrheit nicht gefunden habe: so gieb
mir, mein Herr, hierin Erklärung. Dir allein
glaube ich, was du mir davon offenbaren wirst —
Höre, mein Sohn, was Zeit, Gott und das All
ist, Gott, die Ewigkeit, die Welt, die Zeit, die
Entstehung.

Gott macht die Ewigkeit, die Ewigkeit die
Welt, die Welt die Zeit, und die Zeit die Entste=
hung. *) Gottes Wesen ist das Gute, das Schö=
ne, die Glückseligkeit, die Weisheit. Der Ewig=
keit Wesen die Unveränderlichkeit, der Welt die
Ordnung, der Zeit die Veränderung, der Entste=
hung, Leben und Tod. Wirkungen Gottes sind Ver=
stand und Seele; der Ewigkeit, Dauer und Un=
sterblichkeit; der Welt, Wiederbringung, und der
Wiederbringung Zerstöhrung; der Zeit, Wachsthum
und Abnahme; der Entstehung, Qualität. *)

F 4   Die

---

*) Der Sinn: Ewigkeit ist in und durch Gott; in der
Ewigkeit ist die Welt entstanden, durch die Welt und
der Gestirne Bewegung, die Zeit; durch Bewegung,
auch Entstehung und Vergehung. Dies alles vollkom=
men Platonisch, größtentheils aus dem Timäus.

**) Woher diese Sprache, weiß ich nicht; neu=Platoni=
sche Ideen scheinen durch; aber das Kleid, so mystisch,
daß mehr, oder weniger als Menschenverstand zur Durch=
schauung bis auf die darunter verborgenen Begriffe
gehört. Desto besser aber für die Mystiker selbst, denn
dadurch eben werden die Behauptungen der Vernunft
Richterstuhle entrissen. So viel sehe ich indeß: Ver=
stand (νους) hier, wie oben für der Neu=Platoniker
ψυχη gesetzt, giebt die Folge, daß Verstand und Welt=
Seele Gottes Ausflüsse sind. Der Welt Wesen ist Wie=

Die Ewigkeit also ist in Gott; die Welt in der Ewigkeit; die Zeit in der Welt, die Entstehung in der Zeit. Die Ewigkeit ist in Gott unveränderlich; die Welt bewegt sich in der Ewigkeit; die Zeit ist in der Welt eingeschlossen; und die Entstehung ist in der Zeit. Aller Quelle folglich ist Gott; ihr Wesen die Ewigkeit; ihre Materie die Welt. Gottes Kraft ist die Ewigkeit; der Ewigkeit Werk die Welt, als welche nie entstanden ist, aber stets durch die Ewigkeit entsteht. Daher vergeht sie auch nie; denn die Ewigkeit ist unvergänglich. Auch wird nichts in der Welt vernichtet, weil sie von der Ewigkeit umschlossen ist. — Was aber ist denn die göttliche Weisheit? — *) Das Gute, das Schöne, die Glückseligkeit, alle Vollkommenheit, und die Ewigkeit. Die Ewigkeit schmückt die Materie durch Hineinlegung der Unsterblichkeit und Dauer, weil ihre Entstehung von der Ewigkeit abhängt, wie auch die Ewigkeit von Gott. . Entstehung und Zeit sind im Himmel und auf Erden auf doppelte Art. Im Himmel unveränderlich und unvergänglich; auf Erden veränderlich und vergänglich.

Der Ewigkeit Seele ist Gott; der Welt Seele die Ewigkeit; der Erde Seele der Himmel. Gott ist

---

berbringung, weil alles sich aus derselben Materie wieder bildet, vielleicht auch, weil im Anfange des kommenden großen Jahres alles wieder in derselben Gestalt erscheinen wird. Der Entstehung Wesen ist Qualität, weil durch Entstehung aus unförmlicher Materie, Elemente, aus diesen andere Körper werden, vom Plato schon Qualitäten genannt.

*) η δε του θεου σοφια τις εςι, muß wohl Frage seyn.

ift im Verſtande, der Verſtand in der Seele, die Seele in der Materie; dies alles durch die Ewigkeit. Dieſen ganzen Körper, worin alle Körper ſich befinden, erfüllt inwendig eine Seele mit Gott und Verſtand ausgerüſtet; und umſchließt ihn von außen, um das Univerſum zu beleben. Von auſſen nemlich dies große und vollkommene Thier, die Welt; von innen hingegen alle Thiere *) Oben im Himmel bleibt ſie unveränderlich; unten aber, auf Erden, verändert ſie ſich in entſtehenden Dingen.

Die Ewigkeit erhält ſie, es ſey nun aus Nothwendigkeit, oder durch die Vorſehung, oder von Natur, oder durch ſonſt etwas, was etwa jemand dafür hält, oder halten wird. Dies alles iſt der thätige Gott. Die Thätigkeit aber iſt Gottes unermeßliche Kraft, weder mit einer göttlichen, noch menſchlichen vergleichbar. Alſo, mein Hermes, ſchätze nie etwas, es ſey himmliſch, oder irrdiſch, Gott gleich, denn du würdeſt die Wahrheit verfehlen. Nichts iſt dem unähnlichen, einzigen, und einem ähnlich, glaube nicht, daß er irgend einem andern an Kraft weicht. Denn welches Leben, welche Unſterblichkeit, welche Veränderung der Qualität iſt nach ihm? **)

Was konnte er nun wohl anders machen? ***) Gott iſt nicht müßig, weil ſonſt alles unthätig ſeyn würde;

F 5

---

*) Der äußere Theil der Weltſeele belebt das Ganze; der in der Welt eingeſchloſſene Theil, die Thiere in der Welt.

**) ΤΙΣ ΓΑΡ ΜΕΤ' ΕΚΕΙΝΟΝ, ΕΙΤΕ ΖΩΗΣ, ΚΑΙ ΑΘΑΝΑΣΙΑΣ, ΚΑΙ ΜΕΤΑΒΟΛΗΣ ΠΟΙΟΤΗΤΟΣ, ohne Zuſammenhang, ich vermuthe ΖΩΗ, ΑΘΑΝΑΣΙΑ, ΜΕΤΑΒΟΛΗ ΠΟΙΟΤΗΤΟΣ.

***) ΤΙ ΔΕ ΑΥΤΟΣ ΑΛΛΟ ΤΙ ΠΟΙΗΣΕΙΕΝ; das letztere ΤΙ ſcheint überflüßig.

würde; und alles von Gott erfüllt ist. Auch in der
Welt ist nirgends Unthätigkeit, noch in irgend ei=
nem andern Wesen. Unthätigkeit ist ein leeres
Wort, sie hat keine Ursache, und kann auch nicht
entstehen. Alles muß allezeit, und nach jedes Or=
tes Beschaffenheit entstehen; denn die wirkende Ur=
sche ist in allen, nicht aber nur in einigen Dingen
ausschließend; sie wirkt auch nicht etwa Eins, son=
dern alles; denn als thätige Kraft ist sie nicht dem
gewirkten, sondern das gewirkte ihr hinlänglich. *)

Betrachte durch mich die dir vor Augen liegende
Welt, betrachte scharf ihre Schönheit; ihren unver=
letzlichen Körper, den nichts an Alter übertrift, und
der doch stets blühend, jung, ja noch immer blü=
hender ist. Schaue auch die in ihr begriffenen sie=
ben Welten, mit ewiger Ordnung geschmückt, und
ihren Lauf ewig vollendend. Alles ist voller Licht,
aber nirgends Feuer. Der entgegengesetzten und
sich unähnlichen Wesen Freundschaft und Verbin=
dung ist Licht geworden, welches von Gottes Kraft
erleuchtet wird; dem Vater alles Guten, dem Ur=
heber aller Ordnung in den sieben Welten. Schaue
jenen Mond, aller Vorläufer, der Natur Werk=
zeug, der aus veränderlicher Materie besteht. Die
Erde in der Welt Mittelpunkte, als Sediment der
schönen Welt befestigt, der irrdischen Thiere Ernäh=
rerin und Amme. Schaue auch die große Menge
unsterblicher Thiere, die den sterblichen, und in ih=
rer Mitte der unsterblichen so wohl, als sterblichen,
den Mond sich herumdrehend. **)

Alles

---

*) Τα γινομενα ὑπ' αυτω, verstehe ich nicht, wohl
aber ohne ὑπ'.

**) Nach dem Systeme der meisten Griechen ist über dem
Monde alles unvergänglich, unveränderlich; unter dem

Alles dies iſt erfüllt mit Seele, und alles bewegt ſich, ſo wohl im Himmel, als auf Erden, doch
das rechte nicht zur linken, noch das linke zur rechten, noch das obere nach unten, oder das untere
nach oben. Daß das alles entſtanden iſt, darfſt
du, liebſter Hermes, nicht von mir noch lernen.
Es ſind Körper, ſie haben eine Seele, und bewegen ſich; und ſolche Weſen können ohne einen Urheber ihrer Verbindung nicht verknüpft werden.
Folglich muß ein ſolcher, und zwar durchaus nur
Einer da ſeyn. *) Denn da die Bewegung ver
ſchieden und vielfach; **) da die Körper nicht ähnlich ſind, und doch allen gleiche Geſchwindigkeit vorgeſchrieben iſt: ſo können keine zwey, oder mehrere
wirkende Urſachen ſeyn; weil unter vielen nicht eine
Ordnung beobachtet wird. Unter vielen muß Eiferſucht gegen den mächtigern entſtehen, und daraus
Zank mit einander. Wäre der Schöpfer veränderlicher und ſterblicher Thiere ein anderer: ſo hätte er
getrachtet, auch unſterbliche hervorzubringen, wie
der Schöpfer unſterblicher Thiere auch ſterbliche hätte hervorbringen wollen. ***) Und ſind ihrer zwey,
da doch nur eine Materie und Seele exiſtiert, von
wem kommt denn des Werkes Einrichtung? Wenn
zum Theil von beyden, von wem der größere Theil?
Viel=

Monde alles veränderlich; der Mond alſo der göttlichen
Weſen und groben Materie Scheidewand.

*) τουτον, Fluſſas τοιστον, mit Recht.

**) εν διαφοραν γαρ και πολλων ουσων των κινη
σεων. Die Präpoſition dient hier zu nichts, ſtöhrt
nur die Verbindung.

***) αθανατους, Fluſſas αθανατα; θνητους, Fluſ
ſas θνητα, nach dem Zuſammenhange.

Vielmehr stelle dir alle lebende Körper, aus
Materie und Leben, dem unsterblichen, sterblichen
und unvernünftigen zusammengesetzt, vor.   Denn
alle lebende Körper sind beseelt, das leblose hinge=
gen ist bloße Materie.   Die mit ihrem Urheber ver=
wandte Seele ist des Lebens Ursache;   und alles Le=
bens Ursache ist auch der unsterblichen Ursache.*) —

Woher sind nun die sterblichen Thiere von
den unsterblichen verschieden? **) und wie kommt
es, daß das Unsterbliche, und was Unsterblich=
keit hervorbringt, kein Thier bildet? — Daß es ei=
nen, und zwar einzigen Urheber giebt; ist unleugbar;
denn es ist nur eine Seele; ein Leben, und eine
Materie — Und wer ist dieser? — Wer an=
ders, als der einzige Gott? Denn wem sonst käme
es zu, lebende Thiere hervorzubringen, als Gott al=
lein? — Dies wäre äußerst lächerlich — Also
ist nur ein Gott.   Daß nur eine Welt, eine Son=
ne, ein Mond und eine Gottheit ist, hast du einge=
räumt; wie vielfach wilst du denn Gott selbst
haben? Er also bringt alles in den vielen her=
vor ***) — Wenn nicht, so wäre es höchst lä=
cherlich — Und was ist es denn Gott großes,
Leben, Seele, Unsterblichkeit und Veränderung zu
wirken, da du es doch auch wirkst? Denn du siehst,
hörst, sprichst, riechst, fühlst, gehst, denkst und ath=
mest.   Der Sehende ist nicht vom Hörenden, vom

Reden=

---

*) της δε ζωης πας αιτιος ο των αθανατων,
scheint πασης zu erfordern.

**) πως ουν τα θνητα ζωα αλλα των θνητων;
eine nichts bedeutende Frage; ich vermuthe aus dem
Zusammenhange αθανατων.

***) ποιει εν πολλω, Flussas πολλοις, besser.

Redenden, vom Fühlenden, vom Riechenden und Gehenden verschieden; der Denkende kein anderer, als der Sehende; sondern einer ists, der dies alles verrichtet. *)

Es ist aber auch nicht einmal möglich, daß dies alles außer Gott sey. Denn wie du, dieser Eigenschaften beraubt, nicht mehr Thier bist; so ist auch Gott dieser beraubt, (welches doch, so zu sagen, nicht erlaubt ist) nicht mehr Gott. Ist es dargethan, daß unmöglich Nichts seyn kann, wie vielmehr kann es Gott nicht? Denn ist etwas, das er nicht wirkt, so ist er (sollte man dies auch nicht sagen dürfen) unvollkommen. Ist er aber nicht unthätig, sondern vollkommen: so bringt er auch alles hervor. Ueberläßt du dich nun, Hermes, mir ein wenig: so wirst du leichter einsehen, daß Gottes Werk eins ist, damit alles geschehende geschehe, was geschehen ist, und was noch geschehen soll. Dies, mein Lieber, ist Leben, das heißt, das Schöne, das heißt, das Gute, das heißt, Gott.

Willst du dies auch an einem Fakto sehen: so erwäge, was in dir vorgeht, wenn du zeugen willst. Doch ist dies jenem nicht ähnlich. Er also empfindet keine Wollust, und hat keinen andern zum Gehülfen, weil er, als durch sich selbst wirkend, stets im Werke ist, und selbst das ist, was er wirkt. Würde er davon getrennt; alles müßte zusammenfallen, alles sterben, weil kein Leben seyn würde. Ist aber alles lebend: so ist auch ein Leben, folglich auch ein Gott. Ferner, ist alles, so wohl im Himmel, als auf Erden, lebend; und wird allen ein Leben von Gott mitgetheilt; und ist dies Gott: so

ent-

---

*) αλλ᾽ εἰς ὁ ταυτα παντα, fehlt wohl ποιων.

entſteht alles durch Gott. Leben aber iſt Vereini=
gung des Verſtandes und der Seele; der Tod hin=
gegen nicht Vernichtung, ſondern Trennung der
vereinigten Dinge. Gottes Bild alſo iſt die Ewig=
keit, der Ewigkeit Bild die Welt, der Welt die
Sonne, der Sonne der Menſch. Die Verwan=
delung pflegt man Tod zu nennen, weil der Kör=
per aufgelöſet wird, und das Leben nach ſeiner Auf=
löſung aus unſern Augen verſchwindet. *)

Aus dieſem Grunde, liebſter Hermes, ſage
ich auch, der ich doch, wie du hörſt, Gott fürchte,
daß ſich die Welt verändert, weil täglich etwas von
ihr unſichtbar wird; daß ſie aber doch nie vernich=
tet wird. **) Der Welt Veränderungen ſind die=
ſe: Kreisbewegungen und Verſchwindungen. Kreis=
bewegung iſt Umdrehung, Verſchwindung aber Ver=
jüngung. Die Welt hat alle Geſtalten, aber nicht
ſichtbar, ſie verändert ſich in ſich ſelbſt.

Da nun die Welt alle Geſtalten hat, was ſoll
denn ihr Urheber ſeyn? Ungeformt kann er nicht,
iſt er aber auch allgeſtaltet, ſo iſt er der Welt ähn=
lich; hat er aber eine Form, ſo iſt er eben darin ge=
ringer, als die Welt. Was alſo wollen wir von
ihm behaupten, um uns nicht in Zweifel zu verwi=
ckeln? Nichts unauflöslich zweifelhaftes läßt ſich
von Gott denken; er hat alſo eine Form, die ihm
eigen iſt, die als unkörperlich nicht in die Augen
fällt, und doch zeigt er durch die Körper alle For=
men.

Wan=

*) τα διαλυομενα, Fluſſus του διαλυομενου, nicht
genug, der Zuſammenhang ſcheint αυτου zu verlangen.
**) μηδεποτε διαλυεϑαι, der Zuſammenhang erfo=
dert de διαλ:

Wundere dich aber nicht, daß es eine unkörperliche Form giebt; denn sie gleicht den Ideen des
Verstandes, und den äußersten Zügen der Gemählde. Man sieht diese als sehr hervorstechend; an
sich aber sind sie doch glatt und vollkommen eben.

Jetzt erwäge auch den kühnen, aber doch sehr
wahren Satz: wie der Mensch ohne Leben nicht
leben kann, so auch Gott nicht ohne das Gute zu
wirken. Denn dies ist gleichsam Gottes Leben und
Bewegung, alles bewegen und beleben.

Einige meiner Sätze müssen einen besondern
Sinn haben; nimm z. B. folgenden zu Herzen:
Alles ist in Gott, doch nicht wie im Orte liegend.
Denn der Ort ist Körper und unbeweglich, und
was liegt, hat keine Bewegung. *) Auf eine andere Art liegt etwas im unkörperlichen, in der Vor-
stellungskraft. **) Stelle dir den alles umschlieſ-
senden vor, und stelle dir vor, daß das Unkörperliche von nichts begränzt werden kann, daß nichts
schneller, nichts mächtiger, als dies; und dies un-
begränzte, das schnellste und mächtigste ist. Dies
erwäge an dir selbst, befiehl deiner Seele, von hier
auszugehen; schneller, als dein Befehl, wird sie
dort

---

*) Nach Aristoteles ist der Ort des einen gewissen Körper
umschließenden Gränze; folglich Körper. Denn nach
ihm giebt es keinen von den Körpern verschiedenen Raum,
und was irgendwo ist, wird allemal von einem Körper
umschlossen. (Arist. Phys. IV, 4, 8.)

**) Betrachte, spricht Plotin, diese Welt; wenn keine höh-
here Welt, als sie, da ist: so ist sie nicht in der Welt;
noch auch im Orte; denn welcher Ort könnte wohl vor
der Welt da seyn? — Die Seele ist nicht in der Welt,
sondern die Welt in der Seele; denn der Seele Ort ist
nicht der Körper, sondern die Seele ist im Verstande;
und der Körper in der Seele. (Ennead. V, V, 9.

dort seyn. Befiehl ihr, an den Ocean zu gehen,
auch da wird sie sehr bald seyn. Nicht als von einem Orte zum andern gehend, sondern als schon
dort befindlich. Befehl ihr, zum Himmel zu fliegen, und sie wird keiner Flügel bedürfen, nichts ihr
im Wege stehen, nicht der Sonne Feuer, nicht der
Aether, nicht die Kreisbewegung, nicht die Körper
der andern Gestirne. *) Durch alles hin wird sie
bis an den äußersten Körper fliegen, und willst du
auch noch durch ihn dringen, und was draußen ist,
wofern anders etwas außer der Welt liegt, schauen:
so kannst du es. Siehe, welche Kraft, welche
Schnelligkeit du besitzest. Du kannst dies, und
Gott sollte es nicht? So also stelle dir Gott vor,
der alle Gedanken, und die ganze Welt selbst in sich
schließt. **)

Machst du dich also nicht Gott gleich: so kannst
du ihn nicht begreifen; d.nn ähnliches wird nur
durch ähnliches erkannnt. ***) Dehne dich aus
bis zur unermeßlichen Größe; schwinge dich aus
aller Körper Gränze, und erhebe dich über alle
Zeit. Werde Ewigkeit, und du wirst Gott denken.

---

*) Των αλλων αϛερων, es sind ja noch keine genannt.
Vermuthlich also oben ουχ ἡ του ηλιου δινη.

**) ωσπερ νοηματα παντα εν ἑαυτω εχειν, gegen
die Grammatik vielleicht ὁσπερ — εχει — τον
κοσμον ἑαυτον. Flussas αυτῳ mit Recht.

***) Ein von den ältesten Philosophen Griechenlands durch-
gehends als Axiom angenommener Satz. Aus ihm fol-
gerten sie, daß die Seele aus verschiedenartigen Substanzen bestehe, und daß jeder Sinn sein eigen Element
haben muß. So geschieht Sehen durchs Feuer; Fühlen
durch Erde, u. s. w. (Aristot. de An. I, 2.)

fen. Glaube in dir nichts unmögliches, daß
du selbst unsterblich bist, alles begreifen kannst, alle
Kunst, alle Wissenschaft, aller Thiere Lebensart,
Steige hinauf über alle Höhe, hinunter tiefer, als
aller Abgrund. Fasse in dir alle Eindrücke der
wirksamen Wesen, des Feuers, Wassers, der Feuch-
tigkeit und Trockenheit. Denke, daß du allenthal-
ben, auf Erden, im Meere, im Himmel bist, daß
du noch nicht gebohren, noch in Mutterleibe, jung,
alt, gestorben seyst, und was dem Tode folgt. Wenn
du dies alles zugleich denkst, Zeiten, Orte, Sachen,
Qualitäten, Quantitäten; so kannst du Gott begreifen.

Verschließest du aber deine Seele im Körper, er-
niedrigst du dich, und sprichst, ich denke nichts, ich kann
nichts, ich fürchte das Meer, zum Himmel kann ich mich
nicht erheben, ich weiß nicht, wer ich war, wer ich seyn
werde; was hast du denn für Theil an Gott? denn
du kannst nichts Gutes und Schönes, da du deinen
Körper liebst, und ein schlechter Denker bist. Gott
nicht kennen, ist die höchste Unvollkommenheit; ihn
hingegen erkennen können, wollen und wünschen,
ist der gerade, und dem Guten eigenthümliche Weg,
der zum Ziel führt, und wandelst du ihn: so wird
er dir leicht, überall wird er dir begegnen, überall
dir erscheinen, da, und wenn du es nicht erwartest,
im Wachen, im Schlafen, im Seefahren, im
Reisen, bey Nacht, bey Tage, im Reden und
Schweigen. Denn es ist nichts, was nicht im
Bilde des Grabes sey. *)

Hermes Trismegist. G Aber

*) Der Körper heißt den Nachplatonikern Grab: schon die
Pythagoreer und Plato spielten vor. (Plat. Cratyl.)
Hier des Grabes Bild; in ihm ist alles, weil die ihn
bewohnende Seele aus allen Wesen besteht.

Aber iſt nicht Gott unſichtbar? — Rede beſſer, wer iſt wohl offenbarer? *) Eben deswegen hat er alles geſchaffen, damit du ihn durch alles ſeheſt. Dies iſt das Gute Gottes, dies ſeine Vollkommenheit, daß er durch alles erſcheint. Nichts, auch das Unkörperliche nicht iſt ſichtbar, ohne ihn. **) Der Verſtand iſt ſichtbar im Denken, Gott im Wirken. So viel ſey dir, mein Trismegiſt, offenbart, allem übrigen denke ſelbſt nach, und du wirſt nicht fehlen.

Zwölftes Hauptſtück.

Hermes Trismegiſt, über den allgemeinen Verſtand, an Tat. ***)

Gottes Natur, Unterſchied der vernünftigen und unvernünftigen Thiere.

Der Verſtand, mein Tat, iſt aus der göttlichen Subſtanz ſelbſt, wenn es anders eine Subſtanz Gottes giebt, und wie dieſe beſchaffen iſt, weiß er allein. ****) Der Verſtand alſo iſt nicht von der gött=

---

*) τις αυτου Φανερωτατος; vielleicht Φανερωτερος.

**) ουδεν γαρ ορατον, ουδε των ατωματον, iſt an ſich ungereimt, vermuthlich iſt ανευ αυτου ausgefallen.

***) νους κοινος, hier der erſte unmittelbare Ausfluß aus Gott; vollkommen Plotiniſch; auch darin, daß er nicht als eine von Gott verſchiedene Subſtanz, ſondern ſein weſentlicher Ausfluß betrachtet wird.

****) αυτος μονος ακριβως αυτον οιδεν, mir ſcheint αυτον überflüſſig, wenigſtens wüßte ich es mit nichts zu verbinden.

göttlichen Substantialität getrennt; sondern gleichsam
von ihr, gleich dem Sonnenlichte, ausströmend.
Dieser Verstand ist in den Menschen ein Gott, und
daher sind auch einige Menschen Götter, und ihre
Menschlichkeit gränzt an die Gottheit. *). Die
gute Gottheit nennt die Götter unsterblich, die Menschen aber sterbliche Götter. **) In den unvernünftigen Thieren hingegen ist er die Natur. Denn
wo Seele; da ist auch Verstand; wie wo Leben,
auch Seele ist. ***)

In den unvernünftigen Thieren ist Seele ohne Verstand, denn Verstand ist der Wohlthäter
menschlicher Seelen. Er bildet sie zum Guten,
mit den unvernünftigen wirkt er durch jedes
Natur, ****) den vernünftigen hingegen wider-
setzt er sich. *****) Denn jede Seele wird, so bald
sie in den Körper kommt, durch Schmerz und Vergnügen verschlimmert. Denn im zusammengesetzten Körper gähren Schmerz und Vergnügen, gleich
den Feuchtigkeiten, und von ihnen wird die hinein-
kommende Seele angefeuchtet. Seelen also, die
der Verstand regiert, zeigt er seinen Glanz, indem
er ihrer Ansteckung entgegen wirkt, wie ein guter

G 2   Arz-

---

*) ἢ αὐτοῦ, Flußtas καὶ αὐτῶν mit Recht.

**) In einer oben da gewesenen Stelle.

***) ὅπου καὶ ζωὴ, ἐκεῖ καὶ ψυχή. Das erstere καὶ
überflüßig.

****) Τῇ δ' ἑκάςου φύσει συνεργεῖ, die Präposition
steht hier im Wege.

*****) Innerhalb weniger Zeilen formelle Widersprüche, ist
schon nichts neues: Erst heißt es, jede Seele hat Verstand, hernach Thier-Seelen nicht. Die erste Behaup-

Arzt dem von Krankheit angegriffenen Körper durch Schneiden und Brennen Schmerz verursacht. *)

Eben so betrübt auch der Verstand die Seele, indem er die Wollust ihr benimmt, als woraus alle Seelen-Krankheit entspringt. Eine schwere Seelen-Krankheit aber ist Gottesläugnung. Daraus folgt irrige Meynung zu allem Bösen, und nichts Gutes. Ihr arbeitet der Verstand entgegen, und theilt der Seele Gutes mit, wie der Arzt dem Körper Gesundheit. **)

Welche Menschen-Seelen aber nicht den Verstand zum Regierer bekommen haben, die sind den unvernünftigen Thieren gleich. Denn er unterstützt sie, läßt die Begierden schießen, denen sie aus aller Macht nachhängen, die auf das Unvernünftige gehen, und unaufhörlich, gleich der thierischen Unvernunft, gerathen sie in Heftigkeit, streben unvernünftig, und werden des Bösen nicht satt. Denn unvernünftige Hitze und Begierden sind sehr große Män-

tung Platonisch; denn ihm sind alle Seelen, auch die der Thiere gleiches Wesens; und das müssen sie auch, wenn Seelenwanderung statt finden soll. Was es heißen soll, daß der Verstand in den unvernünftigen Thieren durch die Natur wirkt, ist dunkel. Φυσις steht auch für materielle Wesen, und materiell sind die untern Seelenkräfte; also wirkt er hier blos durch materielle Kräfte.

*) προλημμασι, Flussas instantibus periculis. Ficm moribus malisque. Beydes möchte ich bewiesen sehen. Ich vermuthe, weil προλαμβανειν gleich darauf von Krankheit vorkommt; hat auch dies ähnliche Bedeutung, ob es gleich sonst nicht gewöhnlich ist.

**) την υγιειαν; das Fragezeichen am unrechten Orte.

Mängel. Ihnen hat Gott zum Zuchtmeister und Bändiger das Gesetz gegeben. — *)

Hier, mein Vater, scheint mir das oben vom Schicksale Gesagte umgestoßen zu werden. Denn ist es unabänderlich, dem einen zu ehebrechen, dem andern Tempel zu berauben, oder irgend etwas anders zu verbrechen bestimmt, warum wird denn der durch des Schicksals Nothwendigkeit Sündigende bestraft? — Das Schicksal, mein Sohn, verrichtet alles, ohne dies kann nichts, es sey körperlich, oder unkörperlich, gut, oder böse, geschehen. Allein dem, der Böses thut, bestimmt auch das Schicksal, Böses zu leiden, und darum thut er es, damit er leide, was er, weil ers gethan hat, leidet.

Jetzt aber ist nicht von Laster und Schicksal die Rede, denn hievon habe ich anderswo gesprochen, sondern vielmehr vom Verstande; was nemlich der Verstand vermag, wie er in verschiedenen, im Menschen so, im Viehe anders ist. **) Ferner,

G 3.   daß

*) Plotin: als die Seelen anfingen, sich ihrer Freyheit zu bedienen, und sich auf die Kraft, sich selbst zu bewegen, verließen; eben dadurch einen verkehrten Weg nahmen; so vergaßen sie ihren Ursprung; wie Knaben gleich nach der Geburt von ihren Eltern abgesondert, erzogen, sich und ihre Eltern nicht kennen. Da sie also weder sich, noch ihren Vater kennen, sich aber deswegen gering schätzen, und alles vorkommende mehr, als sich selbst, bewundern: so trennen sie sich eben dadurch von ihrem Vater. (Plotin. Ennead. V, I, 1.) Was hier für ein Gesetz gemeynt ist, läßt sich aus Mangel an nähern Bestimmungen nicht mit Gewißheit sagen. Vermuthlich das Natürliche, als auf dessen Uebertretung, ältern so wohl, als neuern Platonikern, Strafen nach dem Tode folgen.

**) το δε νυν εχον ὁ περι κακιας και ειμαρμενης λογος, hat keinen Zusammenhang; ich vermuthe ου.

daß er in den unvernünftigen Thieren nicht wirksam; ganz anders aber im Menschen ist, indem er
Zorn und Begierden schwächt, *) und daß man
einige Menschen für vernünftig, andere hingegen
für unvernünftig halten muß. Alle Menschen sind
dem Schicksale unterworfen, der Entstehung und
der Veränderung, denn dies ist des Schicksals Anfang und Ende. Auch wiederfährt allen Menschen
das ihnen Bestimmte, aber den vernünftigen, die,
wie gesagt, vom Verstande regiert werden, nicht
wie den andern. Sondern vom Laster frey leiden
sie es nicht, weil sie böse sind. —

Wie verstehst du denn wieder dies, mein Vater? Ist der Ehebrecher nicht lasterhaft? Nicht
auch alle übrigen Verbrecher? — Der Vernünftige, mein Sohn, leidet, ohne Ehebruch begangen
zu haben, als ob er es gethan hätte, ohne gemordet
zu haben, als ob er gemordet hätte. Der Veränderung kann man unmöglich entgehen, wie auch der
Entstehung nicht; aber dem Laster kann der Verständige ausweichen; daher habe ich, mein Sohn,
den Guten Dämon allezeit sagen hören, und hätte
er es schriftlich mitgetheilt, das Menschengeschlecht
würde großen Nutzen gehabt haben. Denn er allein, mein Sohn, spricht, weil er als erstgebohrner
Gott alles geschaut hat, göttliche Worte. *) Ihn
nun

---

*) ἐννόμιος ἐν πᾶσι, Flußas ανδρωσι mit Recht.

**) ἀγαθου δαιμονος, aus den folgenden Bestimmun-
gen erhellet, daß er darunter den Verstand, als unmittelbaren Ausfluß Gottes, versteht. Uebrigens fehlt diesem ganzen Raisonnement sehr viel, um des erstgebohr-
nen Verstandes würdig zu seyn. Einiges hatte wohl
der Verf. von Vertheidigung der Güte Gottes gehört,
aber er wußte es nicht im ganzen Zusammenhange zu

num habe ich einmal sagen hören, daß alles Eins
ist, vorzüglich aber die intellektuellen Körper. Daß
wir durch Kraft, Thätigkeit und Einigkeit leben.
Sein Verstand folglich ist Gott, und der ist auch
seine Seele: *) Da sich nun dies so verhält: so
ist nichts Intellektuelles durch den Raum getrennt,
mithin kann der Verstand, als Allherrscher, und
Gottes Seele, thun, was er will. Du aber beherzige dies, und wende es auf die Frage an, die du
oben an mich gethan hast. **)

Ich meyne auf das Schicksal des Verstandes. ***) Setzest du, mein Sohn, alle Trugschlüsse
G 4 bey

denken. Daher läßt sich auch hieraus kein Final-Re-
sultat ziehen.

*) ἀγαθος ἀρα, fluxus τουτου mit Recht, doch ver-
misse ich hier Zusammenhang, vermutlich, weil etwas
ausgefallen ist. Oder etwa der Ewigkeit Seele?

**) In der Intellektual-Welt, das ist, im göttlichen Ver-
stande, giebt es, nach Plotin, keinen Raum, weil Verschiedenheit der Orte Theilbarkeit, und Raum Verschiedenheit der Orte mit sich führt. (Plotin. Ennead. VI, V, 3.)
Auch diesem Schlusse fehlt Zusammenhang; und das
Ende ist gar gegen ihn, und die Alten. Plato, nebst
den meisten Alten, sagten doch, der ewigen Materie wesentliche Unvollkommenheit sey des Uebels Ursache, also,
weil Gott nicht alles, was er wollte, vermochte. Kann
Gott, was er will, so sind wir noch weit vom Ziele.

***) εἱμαρμενη του νου. Das Fatum, in so fern es
von Gott abhängt und angeordnet ist, Gott, sagt er, ist
des Schicksals Herr und Urheber. Er kann die Guten
über das Schicksal erheben dadurch, daß er sie zu sich
hinauf zieht, und ihren Verstand von den Einflüssen der
untern materiellen Seelenkräfte losmacht. In unserer
Seele, sagt Jamblich, ist noch ein anderes über die Materie erhabenes Princip, dadurch wir mit den Göttern
vereinigt, und über der Welt Ordnung erhoben, ja des

bey Seite; so wirst du finden, daß der Verstand
alles vollkommen beherrscht, Gottes Seele. nemlich,
sowohl was das Schicksal, als das Gesetz, und
alles übrige betrift; daß ihm nichts unmöglich ist,
nicht, eine menschliche Seele über das Schicksal zu
erheben, nicht, wenn sie ihre Vorfälle nicht achtet,
sie unter das Schicksal zu setzen. ¡*)   So weit der
guten Gottheit beste Worte. —

   Göttlich sind sie, mein Vater, wahr und nütz=
lich! doch erkläre mir folgendes noch: du sagtest,
der Verstand wirke in den unvernünftigen Thieren
nach Art der Natur, indem er ihren Begierden
sich folgsam zeigt.   Der unvernünftigen Thiere Be=
gierden aber sind, meiner Meynung nach, blos Lei=
denschaften; wirkt nun der Verstand mit ihnen: so
ist er ja Leidenschaft, da er mit den Leidenschaften glei=
che Beschaffenheiten bekommt. **) Vortreflich, mein
                                            Sohn,

---

ewigen Lebens, und der höchsten Götter Einflüsse theil=
haftig werden können. Hiedurch also können wir uns
dem Schicksale entziehen. (Jamblich. de Myst. Aegypt.
p. 160.)

*) ουτε ειμαρμενης υπερανω θειναι ψυχην αν-
θρωπινην etc. Flußas konstruirt richtig mit αδυνατον.
Fiein schwazt in den Tag hinein, ideoque animus huma-
nus fato superior, non tamen quæ fato subjecta sunt ne-
gligit.

**) παθη sind dem Aristoteles Modificationen, entgegen=
gesetzt den έξεσι, oder beständigen Eigenschaften. (Meta=
phys. IV, 20, 21.) Begierden unvernünftiger Thiere
heissen Modificationen, weil sie von sinnlichen Eindrü=
cken leidentlich gewirkt werden. Gott hingegen ist dem
Anaragoras so wohl, als Plato, Aristoteles, und den neu=
ern Platonikern απαθης, das ist, keine Modification
wird ihm von außen mitgetheilt.

Sohn, du fragst mit Nachdenken; ich also muß
dir auch so antworten.

Alles Unkörperliche, mein Sohn, was im Körper veränderlich ist, ist im eigentlichen Sinne leidenschaft, denn alles Bewegende ist unkörperlich). Alles
Bewegte hingegen Körper.   Das Unkörperliche
wird vom Verstande bewegt, und Bewegung ist
Leiden; folglich leidet beydes, so wohl das Bewegende, als das Bewegte; jenes als Herrscher, dies
als beherrschtes.   Trennt sich aber der Verstand
vom Körper; so hört er auch auf zu leiden, oder
eigentlicher ist nichts impaßibles, sondern alles paß-
ßibel.   Das Leiden aber ist vom paßiblen unterschieden, jenes wirkt, dieses leidet.   Die Körper wirken
auch durch sich selbst.   Entweder sind sie unbeweglich, oder bewegt; sie seyn aber, was sie wollen:
so ist dies Leiden.   Das Unkörperliche hingegen ist
stets thätig, und eben darum auch paßibel.   Laß dich
also die Namen nicht irre machen, Wirkung und
Leiden ist eins; doch ist es nicht übel, das schicklichere Wort zu gebrauchen. *)

G 5   Dies,

_____

*) Die Beantwortung des Einwurfs gestehe ich gern, nicht
   zu begreifen.   Der letzte Satz indessen, nebst einigen
   einzelnen andern, zeigen, daß er den Aristoteles, ohne
   ihn zu verstehen, geplündert hat.   Wirken und Leiden, lehrt er, ist dem Wesen nach einerley, nur relative
   verschieden, wie der Weg von Athen nach Theben, und von
   Theben nach Athen.   Veränderung (κινησις) nemlich
   überhaupt ist Wirklichkeit des möglichen, in so fern es
   möglich ist; welche von einem Subjekte in das andere
   übergeht; betrachtet man sie in den Wesen, wo sie aus
   geht, so ist sie Wirken; in dem, wohin sie geht, so ist
   sie Leiden.   Lehren ist Wirken; Lernen, Leiden; der Ue-
   bergang der Kenntniß vom Lehrer zum Schüler ist die
   Berührung; in so fern die Kenntniß vom Lehrer aus

Dies, mein Vater, haſt du ſehr deutlich erklärt. — Auch dies beherzige noch, mein Sohn,
daß Gott den Menſchen vor allen übrigen Thieren
Verſtand und Vernunft, der Unſterblichkeit gleiche
Güter, geſchenkt hat. Er beſitzt auch noch die
Sprache. Wer dieſe, wie er ſoll, anwendet, iſt
von den Unſterblichen nicht unterſchieden, ja nach
Verlaſſung des Körpers wird er von beyden in der
Götter und der Seeligen Verſammlung geführt
werden. — Haben denn, mein Vater, die übrigen Thiere keine Sprache? —

Nein, Sohn, nur Stimme. Sprache aber
iſt von der Stimme ſehr verſchieden. Denn Sprache haben alle Menſchen mit einander gemein, jedes
Thier-Geſchlecht aber hat ſeinen eigenen Laut. —
Allein auch die Menſchen haben ja, mein Vater, jede
Nation ihre Sprache? — Eine verſchiedene freylich, mein Sohn; allein der Menſch iſt überall
Menſch, alſo auch der innere Sinn derſelbe. Sie
wird überſetzt, und dieſelbe in Aegypten, in Per-
ſien, und in Griechenland befunden.

Du ſcheinſt, mein Sohn, der Vernunft Gröſ-
ſe nicht zu kennen. Der ſeelige Gott, der gute
Gott ſagt, daß die Seele im Körper, der Verſtand
in der Seele, Vernunft im Verſtande, wohnt, folglich Gott ihr Vater iſt. Vernunft alſo iſt des Verſtandes Ebenbild; der Verſtand, Gottes; der Körper, der Idee; die Idee, der Seele. Das Feinſte

der

geht, iſt ſie Lehren; in ſo fern ſie in den Lernenden ein-
tritt, Lernen. Alſo Wirken und Leiden dem Weſen nach
einerley, wie die Treppe hinauf und hinabgehen. (Ariſtot. Phyſ. III. 2. ?. und hierüber Simplicius vorzüglich.)
Weil der Verf. dieſen ſubtilen Begrif nicht faſſen konnte:
ſo gießt er nach ſeiner Art eine ſinnloſe Brühe darüber.

der Materie ist Luft; der Luft, Seele; der Seele,
Verstand; des Verstandes, Gott. Gott umschließt
und durchbringt alles; Verstand umschließt die
Seele; Seele, die Luft; Luft, die Materie.

Nothwendig sind auch Vorsehung und Natur
der Welt Werkzeuge, und der Ordnung in der Materie. Alles intellektuelle ist substantiell, und Unveränderlichkeit dessen Substanz. *) Alle Körper
des Universum hingegen sind vielfach; denn da die
einfachen Körper zugleich Unveränderlichkeit besitzen, und sich in einander verwandeln: **) so erhalten sie dadurch der Unveränderlichkeit Ewigkeit. ***) In allen andern zusammengesetzten Körpern hingegen hat jeder seine Zahl, weil ohne Zahl
keine Zusammensetzung, Verbindung oder Trennung
seyn kann. Die Einheiten zeugen und vermehren
die

*) Substanz (ουσια) steht hier sichtbar für wahre unwan-
delbare Substanz. Des intellektuellen Substanz ist Ei-
nerleyheit, (ταυτοτης) das ist, Unveränderlichkeit.
So sagt auch Plato im Timäus, daß die Welt-Seele,
und mithin auch alle Thier-Seelen aus dem Unverän-
derlichen und Veränderlichen (ταυτου και ετερου)
zusammengesetzt; und an mehrern Orten, daß die Ideen
unwandelbare Wesen sind.

**) Einfache Körper απλα σωματα sind dem Aristote-
les die vier Elemente; zusammengesetzte, die aus ihnen
gebildeten. (de Cœl I, 2.) Diese haben Unveränderlichkeit, in so fern sie unvergänglich sind; denn sonst verwandeln sich im Platonischen so wohl, als Aristotelischen
Systeme die Elemente in einander.

***) τα συνθετα, gleich darauf εν τοις αλλοις συν-
θετοις σωμασι, da doch noch keine bestimmt sind.
Dies, und das schicklichere läßt mich ασυνθετα vermuthen.

die Zahl; wieder getrennt hingegen nehmen sie sie
wieder in sich zurück. Auch die Materie ist eine.
Diese ganze Welt aber, der große Gott, des grös=
sern Bild, mit ihm vereinigt, und mit ihm des Va=
ters Ordnung und Willen beobachtend, ist des Lebens
voll. *) In ihm ist nichts durch die ganze Ewig=
keit, nichts in der väterlichen Wiederbringung, **)
weder im Ganzen, noch in einzelnen Theilen, das
nicht lebt. Nichts Todtes ist entstanden, vorhanden,
und wird in der Welt vorhanden seyn. Leben
wollte ihr der Vater, so lange sie da ist, mittheilen,
und daher ist sie auch nothwendig Gott. ***) Wie
könnte also, mein Sohn, in Gott, dem Bilde des
Universum, der Fülle des Lebens, etwas Todtes
seyn? Denn Leblosigkeit ist Untergang, Untergang
aber Vernichtung; wie aber kann ein Theil des Un=
vergänglichen, etwas von Gott, vernichtet wer=
den? —

Sterben aber nicht, mein Vater, die Thiere in
der Welt, die doch ihre Theile sind? — Nicht so, mein
Sohn, der Name dieses Vorfalls führt dich irre. Sie
sterben nicht, mein Sohn, sondern werden, als zu=
sammengesetzte Körper, aufgelöst. Diese Auflösung
ist kein Tod, sondern Trennung des gemischten.
Sie

----

*) Man bemerke das ewige Schwanken; oben sagte er:
der gute Dämon wäre erstgebohrner Gott; nach neu=
Platonischen Systeme: hier nennt er die Welt Gottes
Sohn, nach dem alt=Platonischen. Bey solchen Leuten
sind alle Regeln der Hermeneutik unnütz.

**) απκιταξασεως, wahrscheinlich vom großen Pla=
tonischen Jahre zu verstehen, wenn durch eine Rückkehr
aller Gestirne an ihren ersten Platz, auch der Welt ehe=
maliger Zustand vollkommen wieder erneuert wird.

*) ζωος, Flussas ζωη, dem Zusammenhange gemäßer.

Sie werden aber aufgelöst, nicht zur Vernichtung, sondern zur neuen Enstehung. Denn welches ist des Lebens Wirkung? Nicht Bewegung? Was also ist in der Welt unbewegt? Nichts, mein Sohn —

Hältst du denn nicht die Erde für unbewegt, mein Vater? — Nein, mein Sohn, vielmehr hat sie allein zugleich mancherley Bewegungen, und ruht doch. Wäre es nicht lächerlich, daß die Ernährerin unbewegt seyn sollte; sie, die alles hervorbringt, und erzeugt? Unmöglich kann etwas ohne Bewegung hervorgebracht werden. Deine Frag. wäre auch dennoch äußerst lächerlich, wenn auch nur der vierte Theil ruhend angenommen würde; denn Unbeweglichkeit des Körpers ist Unthätigkeit. Wisse also überhaupt, mein Sohn, daß sich in der Welt alles als wachsend und abnehmend bewegt. Was aber sich bewegt, lebt auch; doch muß nicht nothwendig alles Lebende einerley seyn. Die ganze Welt, mein Sohn, ist als Ganzes unveränderlich, alle ihre Theile hingegen sind veränderlich. Doch vergeht und vernichtet sich nichts; blos die Namen verwirren die Menschen. Nicht Entstehung ist Leben, sondern Empfindung; noch Verwandlung Tod, sondern Empfindungslosigkeit. Da dem nun so ist: so ist alles unsterblich; die Materie lebt, der Geist, der Verstand, die Seelen leben, als aus welchen jedes Thier besteht. *)

Jedes Thier folglich ist an sich unsterblich, **) vorzüglich aber der Mensch, als welcher die Gottheit bewohnt, und mit dem sie umgeht. Nur mit diesem

*) ἐξ οὗ, Flußas ἐξ οὗ mit Recht.

**) δι' αὐτόν, durch wen? ich vermuthe, un dies scheint auch das Raisonnement zu wollen, δι' αὐτῆ.

diesem Thiere hat Gott Umgang, des Nachts durch Träume, des Tages durch Zeichen; ihm sagt er durch alles die Zukunft vorher, durch Vögel, durch Eingeweide, durch Dunst, durch Eichen. *) Daher rühmt sich auch der Mensch, das Vergangene, Gegenwärtige und Künftige zu wissen. Erwäge auch dies noch, mein Sohn, daß jedes Thier in einem Theile der Welt wohnt, die Fische im Wasser, die Land=Thiere auf der Erde, die fliegenden in der Luft; der Mensch aber sich ihrer aller, der Erde, des Wassers, der Luft, des Feuers bedient. Auch den Himmel sieht er, ja er berührt ihn.

Gott ist um alles, und durch alles, denn er ist Thätigkeit und Kraft. **) Gott zu begreifen, ist nicht schwer, mein Sohn. Willst du ihn auch schauen: o schaue die Ordnung der Welt und die Schicklichkeit der Ordnung; schaue die Nothwendigkeit aller Begebenheiten, und die Vorsehung in den geschehnen und geschehenden Dingen; ***) schaue die mit Leben angefüllte Materie, diesen so großen, Gott sich mit allem Guten und Schönen, Göttern, Dämonen, und Menschen bewegen.

Das aber, mein Vater, sind nichts, als Wirkungen — Wenn auch Wirkungen, mein Sohn, von wem werden sie anders, als von Gott, hervorgebracht? ****) Weißt du etwa nicht, daß, wie Himmel, Erde, Wasser und Luft der Welt Glieder

---

*) διὰ πνεύματος, im delphischen Orakel, durch unterirdisches Dunst, διὰ δρυός, im Dodonäischen, durch gewisses Geräusch des Eichenlaubes.

**) ενεργεια γαρ εϛι δυναμις, es fehlt wohl και.

***) γενομενων, sicher γινομενων.

****) υπο τινος ουν ενεργουνται; υπο αλλου θεου; nicht recht passend; er will Gottes Dasein darthun;

der find, *) so auch Leben, Unsterblichkeit, Kraft, Geist, **) Nothwendigkeit, Vorsehung, Natur, Seele, Verstand, dieser aller Fortdauer, das sogenannte Gute, Gottes Glieder find? Und daß nichts Gegenwärtiges oder Vergangenes ist, wo Gott nicht sey? —

Also in der Materie, mein Vater? — Die Materie, mein Sohn, ist außer Gott, damit du ihr doch einen gewissen Ort anzuweisen wissest. Hältst du sie etwa für einen unwirksamen Klumpen? Wirkt sie aber, so bekommt sie ihre Wirksamkeit durch Etwas. Nun haben wir gesagt, daß die Wirksamkeiten Gottes Glieder find. ***) Durch Jemand werden alle Thiere belebt, durch Jemand wird das Unsterbliche unsterblich gemacht; durch Jemand das Veränderliche verändert. Dies nun magst du, Materie, Körper oder Substanz nennen: so wisse, daß auch sie Gottes Thätigkeiten find. Die Materie wirkt Materialität, und der Körper Körperlichkeit; die Substanz Substantialität: und dies ist Gott, das All. Im Universum aber ist nichts nicht existierendes. Daher hat Gott auch keine Ausdehnung, keinen Ort, keine Qualität, keine Figur, keine Zeit. Denn er ist Alles. Das All aber durchdringt alles, und umschließt alles. Diese Rede, mein Sohn, bete an, und verehre sie. Es giebt aber nur eine Gottes=Verehrung, nicht lasterhaft seyn.

Drey

---

also ist ὑπο ἀλλου θεου nicht gegen ihn. Ich vermuthe ὑπὸ τινος οὐκ ἀλλου ενεργουνται, ἢ ὑπο θεου;

*) μελη, Fluffas μεγη, richtig, wie die Folge zeigt.

αἱμα, Fluffas πνευμα, besser.

) μεγη. Auch hier wohl, wie oben, μελη.

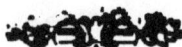

Dreyzehntes Hauptstück.

Hermes Trismegists geheimnißvolle Berg-
Rede an seinen Sohn Tat über die Wiedergeburt und das Gelübde des Still-
schweigens.

In deinen einzelnen Reden hast du, mein Vater,
räthselhaft *) und nicht hell genug von der
Gottheit gesprochen; du hast den Ausspruch nicht
enthüllt, daß Niemand vor der Wiedergeburt zum
Heil gelangen kann; obgleich ich auf dem Ueber-
gange über den Berg mich dir zu Füssen warf, nach
unserer Unterredung, und dich um Erklärung der
Wiedergeburt bat, weil ich von ihr allein keinen Begrif habe. **) Damals sagtest du, du wolltest bey
deinem Hingange aus der Welt mir es mittheil-
len. ***) Jetzt bin ich bereit, ich habe meinen Verstand vom Betruge der Welt entfernt; also ergänze
meine Lücke in der Erkenntniß, durch Erfüllung des
Versprechens mich von der Wiedergeburt zu unter-
richten, es sey nun, daß du mir dies mit Worten,
oder

---

*) γεννησις λογοις, besser vielleicht, wie oben, εννοις,
weil wir doch von dem allgemeinen nichts wissen.

**) παλιγγενεσια wird hier von der innern Geistes-Be-
setzung genommen, wie die Folge lehren wird. Die ganze
Sache, nebst dem Ausdrucke, daß vor der Wiedergeburt
kein Heil zu hoffen ist, und die Berg-Rede lassen wohl
keinen Zweifel übrig, daß dies nicht aus christlichem
Systeme entlehnt seyn sollte.

***) οταν μελλης του κοσμου απαλλοτριουσθαι,
scheint auf den Tod zu gehen.

oder heimlich mittheilst. *) Ich weiß nicht, o Trismegist aus welcher Mutter, aus welchem Saamen
der Mensch gezeugt ist. — **)

Sohn, die Weisheit erleuchtet im Stillen, der
Saame ist das wahre Gute. — ***) Wer hat
ihn gesäet, mein Vater? Dies alles ist mir unbekannt — Gottes Wille, mein Sohn — Wer
ist denn der gezeugte, mein Vater? Besitzt er nicht
die in mir wohnende und intellektuelle Substanz: so
muß der gezeugte Gott, Gottes Sohn, von ihm verschieden seyn. — Es ist das Universum, im All
aus allen Kräften zusammengesetzt — Du sagst
mir ein Räthsel, o Vater, und redest nicht zu mir,
wie ein Vater zum Sohn. — ****) Dies Geschlecht, mein Sohn, wird nicht durch Unterricht,
sondern durch Gottes Erinnerung, wenn es will,
belehrt. —

Was du da sagst, mein Vater, ist unmöglich
und gezwungen; daher will ich gründlich widerspre-
chen. Bin ich etwa kein wahrer Sohn in meines
Vaters Hause? Mißgönne mir nichts, mein Vater,
ich bin ein ächtes Kind; erkläre mir, wie die Wiedergeburt geschieht. — Was soll ich sagen, mein
Sohn, ich kann nichts anders, als dies: ich sehe in
mir ein unförmliches Bild entstehen. Aus Gottes

Hermes Trismegist.　　　H　　　Barm-

---

*) κευβιη, wohl durch ekstatische Rührung der Seele, die
denn auch in der Folge nicht ausbleibt.

**) In gewöhnlicher Menschensprache: ich weiß nicht, von
wem, und woraus das Menschengeschlecht hervorgebracht
ist.

***) Das ist: der Urheber ist der höchste Gott, der uns
einen Theil seines Wesens mittheilte.

****) So sehr Räthsel, daß alle Hermeneutik daran scheitert!

Barmherzigkeit, und mit selbst bin ich in einen unsterblichen Körper gegangen; und bin nicht der vorige, sondern im Geiste gebohren. *) Dies läßt sich Niemanden beybringen, dies aus Elementen geformte Werk kann es nicht sehen: Daher achte ich auch meine vorige zusammengesetzte Form geringe. Nicht in Ansehung der Farbe, der Berührung und der Größe bin ich jetzt anders. Du siehst mich, mein Sohn, mit den Augen, indem du mich mit deinem körperlichen Gesichte betrachtest; nicht aber mit diesen Augen sieht man mich, mein Sohn — Du versetzest mich, mein Vater, in nicht geringe Raseren und Schwärmeren; denn mich selbst sehe ich jetzt nicht. — Möchtest du doch, o Sohn, aus dir selbst gehen, wie die Träumenden, doch ohne zu schlafen! —

Sage mir auch das noch, wer ist der Wiedergeburt Vater? — Gottes Sohn, der einzige Mensch durch Gottes Willen. — **) Jetzt machst du mich, mein Vater, ganz verstummen, von meinen vorigen Sinnen entfernt sehe ich deine Größe, mit dem Charakter selbst, und dem Irrthum darin. Der Sterblichen Gestalt verändert sich täglich, denn durch die Zeit nimmt sie ab und zu als Irrthum. ***)

Was

---

*) Ein biblischer Ausdruck.

**) Nicht Eklektisch, vielmehr christlich, oder wenn man lieber will, Kabbalistisch.

***) Durch den Nebel schimmert folgendes: Wiedergeburt besteht darin, daß man der Ekstase fähig wird, und nach Beyseitsetzung aller körperlichen Sinne, nur mit Geistesaugen sieht. Dadurch geht die Seele aus dem vergänglichen Körper in einen unvergänglichen, das ist, in den Λογος selbst. Dieser Λογος, Gottes Sohn, ist es,

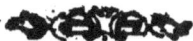

Was ist also Wahrheit, o Trismegist? —
Das unbefleckte, mein Sohn, das nicht begränzte,
das nicht gefärbte, nicht mit Figur versehene, das
unveränderliche, nackte, glänzende, nur sich selbst
begreifliche, unwandelbare, gute, unkörperliche. —
Ich bin wahrhaftig nicht bey mir, mein Vater! da
ich glaubte, durch dich weise zu werden, so sind meine Sinne durch diesen Gedanken verschlossen —
So ist es, mein Sohn, daß eine steigt in die Höhe,
wie das Feuer, das andere hinunter, wie die Erde,
oder feucht, wie das Wasser, oder hauchend, wie
die Luft. Wie willst du sinnlich erkennen, was nicht
hart, nicht feucht, nicht in Gränzen eingeschlossen,
nicht eindringend, nur durch Kraft und Wirksamkeit begreiflich ist?

Dir fehlt nur noch der Verstand, *) als welcher die Geburt in Gott begreifen kann. — So
bin ich also unfähig dazu, mein Vater? — Mit
Nichten, mein Sohn, ziehe ihn in dich, und er
wird kommen; habe den Willen, und es geschieht;
mache die körperlichen Sinne unthätig, und die
Gottheit wird entstehen; reinige dich von den unvernünftigen Geisseln der Materie. — So habe
ich denn Geissel in mir, mein Vater? — **) Nicht
wenige,

H 2

---

der uns zu sich hinaufzieht, also der Wiedergeburt Vater.
In diesem Zustande unterscheiden wir die wahren imma-
teriellen von den materiellen Schein-Wesen, und lernen
unsern innern wesentlichen Charakter genau kennen.
Man sieht mit andern Worten das theils oben Gesagte,
theils auch aus den Neu-Platonikern Beygebrachte.

*) δεομενου δε του νου. Fluffas sehr gut δεη μονον δε
νου, das ist göttlicher Einfluß.

**) εν ἑαυτω εχω., sicher εμαυτω, so übersetzen auch
Fluffas und Ficin; vielleicht ists in beyden Ausgaben
blos Druckfehler.

wenige, mein Sohn; sondern viele und fürchterli=
che — Die kenne ich nicht, mein Vater — Eine
Geissel, mein Sohn, ist Unwissenheit; die andere,
Schmerz; die dritte, Unmäßigkeit; die vierte, Be=
gierde; die fünfte, Ungerechtigkeit; die sechste,
Haabsucht; die siebente, Betrug; die achte, Neid;
die neunte, List; die zehnte, Zorn; die eilfte, Unbe=
sonnenheit; die zwölfte, Bosheit. Dieser sind zwar
zwölf; sie haben aber viele andere unter sich, mein
Sohn, und zwingen den innern Menschen durch
das Gefängniß seines Körpers zu unangenehmen
Empfindungen. *)

Sie entfernen sich aber nicht auf einmal von
dem durch Gott begnadigten Menschen, und darin
besteht der Wiedergeburt Art und Wesen. Nun
schweige, mein Sohn, und preise. Eben deswegen
wird auch Gottes Barmherzigkeit gegen uns nicht
aufhören. Nun lebe wohl, mein Sohn, und rei=
nige dich durch Gottes Kraft, zur Entwickelung der
Vernunft. Uns ist Gottes Erkenntniß gekommen:
und da sie gekommen ist, ist die Unwissenheit ver=
trieben. Uns ist die Erkenntniß der Freude gekom=
men: da sie gekommen ist; so wird, o mein Sohn,
die Traurigkeit zu denen fliehen, die sie aufnehmen.

Zur Freude rufe ich der Mäßigkeit Kraft. O
reizende Kraft, laß uns sie, mein Sohn, begierig
aufnehmen. Wie hat sie nicht durch ihre Ankunft
die Unmäßigkeit vertrieben. Viertens rufe **) ich
die Mäßigung, die Macht über die Begierden.
Diese Stufe, mein Sohn, ist der Gerechtigkeit
Sitz,

---

*) διὰ τουτο δεσμωτηριον του σωματος, ohne Ver=
binbung; vielleicht διὰ τε του etc.

**) Diese Stelle scheint voller Lücken.

Siß, siehe, wie sie die Ungerechtigkeit aus der Crea=
tur verscheucht hat. Wir sind gerecht worden, o
Sohn, weil die Ungerechtigkeit entfernt ist. Sech=
stens rufe ich zu uns, die Kraft über die Haab=
sucht. Weil diese sich entfernt hat, so rufe ich nach
der Wahrheit; der Betrug flieht, die Wahrheit
kommt. Siehe, mein Sohn, wie sich das Gute
vervollkommnet, da die Wahrheit kommt! der Neid
hat sich von uns entfernt; und mit der Wahrheit
ist auch das Gute zugleich mit Leben und Licht ge=
kommen. Jetzt ist keine Geissel der Finsterniß mehr
da, sie sind davon geflogen, durch das Geprassel
des Angriffes besiegt.

Jetzt weißt du, mein Sohn, der Wiederge=
burt Beschaffenheit. Durch Ankunft der Dekade
ist die intellektuelle Geburt verrichtet. Diese ver=
treibt die Zahl Zwölfe, und wir sind durch die Ge=
burt Anschauer geworden. *) Wer nun durch
Barmherzigkeit der Geburt in Gott theilhaftig wor=
den ist, der entzieht sich der körperlichen Empfin=
dung, erkennt, daß er aus Sinnen besteht, und
freut sich, von Gott unverführbar gemacht zu
$\mathfrak{H}$ 3   senn. —

*) καὶ τὴν δωδεκατην εξελαυνες, και εθεωρηθη-
μεν τη γενεσει, verstehe ich nicht, doch habe ich nach
Flussas übersetzt. Bekanntlich ist zehn der Pythagorcer
und Neu=Platoniker vollkommenste Zahl, weil wir bey
ihr im Zählen allemal umkehren; — und aus andern
Ursachen mehr, die ich anderswo berührt habe. Ver=
muthlich also stellte sich der Verfasser die Sache so vor:
durch die Dekade müssen wir vollkommen werden, also
giebt es zehn Tugenden, deren Besitz uns vollkommen gotts
gefällig macht, und die die zwölf oben genannten Haupt=
Laster vertreiben. Ob dies eigene, oder erborgte Ge=
danken sind, erlaubt meine wenige Belesenheit nicht zu
bestimmen.

senn. — Mein Vater, ich stelle mir vor, nicht durch den Anblick der Augen, sondern durch Kräfte in intelektueller Wirksamkeit, daß ich im Himmel bin, *) auf Erden, im Wasser, in der Luft, in den Thieren, in Pflanzen, in Mutterleibe, vor dem Mutterleib, nach dem Mutterleibe, überall.

Sage mir aber das noch, woburch werden der Finsterniß Geissel, zwölf an der Zahl, von den zehn Kräften vertrieben? Wie geht dies zu, mein Trismegist? — Jene Hütte, die wir durchwandelt haben, besteht aus dem Thier=Kreise, **) und dieser besteht aus zwölf Zahlen, alle einer Substanz, aber zahlloser Gestalten. Den Menschen irre zu führen, sind hier unterschiedene Plätze, ***) die

aber

---

*) Φαντάζομαι — εν ουρανω ειμι, es fehlt zuverläßig ΟΤΙ.

**) ζωη Φορου κυκλου; dunkel, man nehme dazu, daß dieser Kreis aus zwölf Wesen zu bestehen gesagt wird: so wird man nicht umhin können, ζωοΦορου zu vermuthen. Und das ist der Thier=Kreis; nun also haben wir einen Sinn. Nach einer schon beygebrachten Bemerkung besteht die Seele aus Theilen aller Welt=Substanzen; wenn sie sich von der Welt=Seele losreißt, durchwandert sie den Thier=Kreis, um auf die Erde zu kommen, nimmt also von allen zwölf Zeichen des Thier= Kreises Theile mit sich, daher die zwölf Untugenden.

***) διαζυγαι. Dies Wort kenne ich nicht: aus dem Zusammenhange läßt sich der bestimmte Sinn auch nicht errathen. Die Wesen des Thier=Kreises bestehen alle aus einer Substanz, doch aber haben sie nicht einerley Beschaffenheiten. Der Thier=Kreis ist doch über dem Monde, und da ist alles göttlich unwandelbar; welchem Systeme hier der Verf. oder welcher Erklärungs=Art er gefolgt ist, weiß ich nicht..

oder in der That selbst vereinigt sind. Vom Zorn ist Unbesonnenheit unzertrennlich, doch giebt es auch unbestimmte. *) Natürlicherweise also entfernen sie sich von der gesunden Vernunft, wie sie auch von den zehn Kräften, das ist, der Dekade, vertrieben werden. Denn die Zehn, mein Sohn, ist Seelen=Erzeugerin. Leben und Licht sind da vereinigt, wo der Einheit, des Geistes, Zahl vorhanden ist. Mit Recht folglich hat die Einheit die Dekade, und die Dekade die Einheit. **)

Vater, ich setze das All, und mich im Verstande — Dies, mein Sohn, ist die Wiedergeburt, daß man sich nicht in dem mit drey Dimensionen versehenen Körper vorstellt, durch diese Rede, die ich von der Wiedergeburt ausgeführt habe, damit wir nicht bey dem großen Haufen des Universums Verläumder seyn, bey dem wir es nach Gottes Willen nicht seyn sollen. ***)

Sage mir, Vater, wird dieser aus Kräften zusammengesetzte Körper einmal aufgelöst? — Drücke dich besser aus, und rede nichts Unmögliches, sonst wirst du sündigen, und das Auge deines Verstandes wird gottlos werden. Der sinnliche natürliche Körper ist weit von der substantiellen Geburt entfernt. Jener ist trennbar, dieser unauflöslich; jener sterblich, dieser unsterblich. Weißt du nicht, daß du Gott bist, der Sohn des Einen, wie ich? —

H 4　　　　　Vater,

---

*) Dunkel!

**) Diese Theorie verstehe ich nicht: in dem was die Pythagoreer, wahre und angebliche, von den Zahlen lehren, bestimme ich mich auf nichts ähnliches. Den Pythagoreern bedeutet sonst die Tetraktys, Seele.

***) αυτους, Fluthas ευτος, richtiger. Auch dies räthselhaft.

Vater, ich wünschte den Lobgesang, den du von den Kräften gehört zu haben sagtest, als ich in der Zahl acht gebohren wurde — Wie Poemander die acht geweissagt hat, so thust du wohl, daß du die Hütte zu zerbrechen suchst, denn du bist gereinigt. Poemander, des Selbstständigen Verstand, hat mir nichts mehr, als das hier geschriebene, mitgetheilt, weil er wohl wußte, daß ich alles, was ich verlange, durch mich selbst würde begreifen, hören, und sehen können. Er hat mir die Macht gegeben, das Gute zu thun, daher singen in allen Dingen die in mir befindlichen Kräfte — Dies, mein Vater, wünsche ich zu hören und zu begreifen — Sey still, mein Sohn, und höre den harmonischen Preis, den Lobgesang der Wiedergeburt, den ich nicht für gut hielt, dir eher, als am Ende meiner Reden, mitzutheilen. Daher wird auch dieser nicht bekannt gemacht, sondern mit Stillschweigen bedeckt. Auf diese Art, mein Sohn, stelle dich an einen freyen Ort, schaue nach Süden, und bete bey Sonnen=Untergang; bey Sonnen=Aufgang aber gegen Nord=Osten. Stille also, mein Sohn.

Geheimer Lobgesang.

Jedes Wesen der Welt vernehme des Lobgesangs Ton! öfne dich, Erde, thue dich auf, Riegel des Regens; ihr Bäume, bewegt euch nicht. Ich will den Herrn der Schöpfung, und das All, und die Einheit besingen. Thut euch auf, ihr Himmel; ihr Winde, seyd still. Der unvergängliche Kreis Gottes nehme auf meine Rede. Denn ich will den
Schöpfer

Schöpfer aller Dinge besingen, ihn, der die Erde befestigt, den Himmel erhöhet, der dem Wasser befohlen hat, aus dem Ocean süß sich zum Unterhalt und Gebrauch *) aller Menschen, über bewohntes und unbewohntes Land, zu verbreiten. Der dem Feuer vorgeschrieben hat, zu allen Verrichtungen Göttern und Menschen zu leuchten. Laßt uns alle zugleich Preis geben ihm, dem über die Himmel erhabenen, dem Schöpfer der ganzen Natur. Er ist des Verstandes Auge, er nehme meiner Kräfte Preis an. Ihr, meine Kräfte; lobsinget dem Einen, und dem All; singt in meinen Wunsch alle, ihr meine Kräfte. Du, heiliges Anschauen, von dir erleuchtet, durch dich das intellektuelle Licht besingend, freue ich mich in des Verstandes Freude. Ihr alle, meine Kräfte, lobsinget mit mir. Auch du, Enthaltsamkeit, singe mir. Gerechtigkeit, meine Gerechtigkeit, lobsinge durch mich. **) Du, Gemeinschaft in mir, lobsinge dem All; Wahrheit, lobsinge durch mich der Wahrheit; du, o Güte, lobsinge dem Guten. Leben und Licht, von euch geht der Lobgesang zu euch.

Ich danke dir, Vater, du Wirksamkeit aller Kräfte; ich danke dir, Gott, du Kraft meiner Kräfte. Deine Vernunft preiset dich durch mich, durch mich nimm alles in Vernunft an, das vernünftige Opfer. So rufen die Kräfte in mir, dich, das All, preisen sie, deinen Willen vollbringen sie. Dein Wille von dir, zu dir kehrt alles zurück. Nimm

H 5 an

---

*) κτησιν, unschicklich, vielleicht χρησιν. Der Schöpfer ist wohl hier der λογος, der Gottheit andere Person, kurz Poemander.

**) ὑμνει, nach der Verbindung besser ὑμνει.

du von allen vernünftiges Opfer. Erhalte, o le=
ben, das in uns wohnende All, erleuchte uns, Licht,
Geist Gottes! Denn deinen Verstand weidet das
Wort, *) o Geist gebender Schöpfer! Du bist
Gott, dein Mensch ruft dies aus; durch Feuer,
durch Luft, durch Erde, durch Wasser, durch Geist,
durch deine Geschöpfe. Von deiner Ewigkeit habe
ich Preis erhalten, und in allem, was ich begehre,
verlasse ich mich auf deinen Willen. ——

Durch deinen Willen habe ich diesen Lobge=
sang, o Vater, gesprochen, ich habe ihn in meiner
Welt bewahrt —— Sage in der intellektuellen,
mein Sohn. **) In der intellektuellen kann ichs,
mein Vater. Durch deinen Lobgesang und deinen
Preis ist mein Verstand erleuchtet; nun will ich
auch ***) aus meinem eigenen Herzen einen Preis
zu Gott hinaufschicken. —— Nicht unüberlegt, mein
Sohn —— Im Geiste, mein Vater. Was ich
sehe, sage ich dir, du Vater aller Wesen, ich, Tat,
schicke zu Gott vernünftiges Opfer. Du, Gott,
bist Vater, du Herr, du Verstand. Nimm von
mir hin vernünftiges Opfer, das du von mir begeh=
rest; denn dein Wille geschieht. —— Du, o Sohn,
schicke zu Gott, dem All=Vater, angenehmes Opfer,
setze aber hinzu, mein Sohn, durch den Ver=
stand. —— Habe Dank, Vater, daß du mir diese
Vorschrift zu beten gegeben hast. —— Ich freue
mich,

---

*) Heißt, wo ich nicht irre, der Verstand bringt das Wort
hervor, und erhält es. Mehrere Stellen dieses Gesan=
ges verstehe ich, (weil sie verdorben, oder schief gesagt
sind?) nicht.

**) Hier ist der Gesang zu Ende; Hermes und Tat reden
weiter. So auch Ficin.

***). πλην, Finsias besser, πλεον.

---

mich, mein Sohn, daß du aus Wahrheit Frucht gebracht hast, die gute, die unvergängliche Frucht. Da du von mir diese Kraft gelernt hast: so versprich Stillschweigen, o Sohn, offenbare keinem die Lehre von der Wiedergeburt, *) damit wir nicht für Tadler gehalten werden. Wir beyde haben uns genug angestrengt, ich im Reden, du im Hören; du hast im Verstande dich selbst und unsern Vater erkannt.

Vierzehntes Hauptstück.

Hermes Trismegist wünscht dem Aeskulap richtig zu denken.

Beweis von Gottes Daseyn, Unterschied des Werks und Urhebers.

Da mein Sohn Tat in deiner Abwesenheit der Dinge Natur kennen lernen wollte, und mir keinen Aufschub gab, als Sohn und Jüngling, der jetzt zur Kenntniß aller Dinge fortschreitet; so mußte ich weitläuftiger seyn, damit er meinen Betrachtungen folgen könnte. Dir aber will ich die vornehmsten Hauptstücke davon in der Kürze mittheilen, aber in einer geheimnißvollern Einkleidung, weil du schon so alt, und der Natur kundig bist.

Ist alles, was wir sehen, entstanden, und entsteht es noch; entsteht alles entstandene nicht durch sich selbst, sondern durch einen andern; sind der entstandenen Dinge viel, oder vielmehr, ist alles sicht-

*) επαγγειλε, flıffat επαγγειλαι, watum, sehe ich nicht.

sichtbare, alles von sich selbst verschiedene, und sich
selbst ungleiche, entstanden; und entsteht alles durch
einen andern: so existiert ein Urheber aller Dinge,
und dieser ist nicht entstanden, damit er älter sey,
als das entstandene. Denn was entstanden ist, behaupte ich, von einem andern entstanden zu seyn;
nun aber kann nichts älter, als alles entstandene,
seyn, denn nur das nicht entstandene.

Dieser ist größer, Einer, er allein ist allweise,
weil nichts älter ist, als er. Er herrscht über die
Menge und über die Größe, und über die Verschiedenheit entstehender Dinge, und über seines Werkes Fortdauer. Ferner ist das entstandene sichtbar,
Er aber unsichtbar, denn eben darum schaft er, um
unsichtbar zu seyn. Er schaft also stets, folglich ist
er unsichtbar. So muß man ihn sich vorstellen,
dann ihn bewundern; und nach Bewunderung sich
selbst glücklich preisen, daß man den Vater erkannt
hat.

Denn was ist süßer, als ein wahrer Vater?
Wer aber ist Er, und wie sollen wir Ihn erkennen? Ihm allein kommt entweder der Name Gott,
oder Schöpfer, oder Vater, oder alle drey zu. *)
Gott wegen seiner Macht; Schöpfer wegen seiner
Wirkung; Vater wegen des Guten. Die Macht
ist von dem entstandenen verschieden; die Wirkung
aber darin, daß alles entsteht. Also muß man mit
Beyseitsetzung der vielen und vergeblichen Worte
nur diese beyden Wesen annehmen, das entstandene,
und dessen Urheber. Zwischen ihnen ist nichts, noch
auch ein drittes.

Bey

---

*) μονῳ, Fluſſas μονον, gegen den Zuſammenhang, er
geſteht ihm ja alle drey Namen zu.

Ben allem also, was du denkst, bey allem, was du hörst, denke diese beyden Wesen. Glaube, daß sie alles sind, und laß dich durch nichts, es sey oben, oder unten, göttlich, oder veränderlich, oder verborgen, hierin zweifelhaft machen. Zwen sind Alles, das entstandene, und das wirkende. Eins kann vom andern nicht getrennt werden, weder der Urheber ohne sein Werk; noch das Werk ohne den Urheber existieren, *) weil jedes Wesen eben hierin besteht, und daher keins vom andern sich trennen läßt. **)

Denn ist der Wirkende nichts anders, als nur wirkend, einfach, ohne Zusammensetzung; so muß er nothwendig das wirken, wodurch das Wirkende dem Gewirkten Entstehung giebt. ***)

Un

---

*) Vermuthlich ist hier der Satz ουτε το γινομενον χωρις του ποιουντος ausgefallen, wenigstens gehört er durchaus in den Zusammenhang.

**) ουκ εςι το ετερον ετερου χωρισθηναι, αλλ' αυτο εαυτου. Von sich selbst? Welche Ungereimtheit. Fluxas ipsum in se ipso est; gegen die Worte. Fieri, quemadmodum neutrum a se ipso diuidi licet, auch gegen die Worte. Vermuthlich ist dies Einschiebsel; ich sehe nicht, wozu es nutzt.

***) ποιειν αναγκη τουτο αυτο εαυτω, ω γενεσις εςι το ποιουν του ποιουντος. Fluxas facere hoc ipsum sibi necessarium est, cui facientis generatio est ipsum efficiens. Cimmerisch dunkel! Ficin helle, aber nicht nach den Worten. Er will darthun, daß beyde Wesen unzertrennlich sind, also müßte er zeigen, daß die Ursache nicht seyn kann, ohne zu wirken, un dies würde mit kleiner Veränderung so lauten: ποιειν αναγκη τουτο αυτο, ω γενεσις εςι το ποιου του ποιηματος.

Unmöglich kann das Entstandene durch sich selbst
entstehen, vielmehr was entsteht, muß durch etwas
anders entstehen. Ohne wirkende Ursache entsteht
und existiert das Entstehende nicht; weil eins ohne
das andere sein eigenthümliches Wesen verliert,
indem es des andern beraubt wird. Ists also aus-
gemacht, daß zwey Wesen da sind, das entstehende,
und das wirkende: so sind auch beyde mit einander
vereinigt, das ine aber geht vor, das andere folgt.
Vorher geht Gott, der Urheber, nach folgt das
Entstehende was es auch sey.

Laß dich der entstehenden Mannichfaltigkeit
nicht in Besorgniß und Furcht setzen, Gott dadurch
zu erniedrigen und zu entehren. Seine Ehre besteht nur darin, alles hervorzubringen, und Gottes
Körper ist gleichsam sein Werk. In seiner Wirksamkeit ist nichts Böses, noch Unanständiges. Diese Beschaffenheiten folgen dem entstehenden Wesen, wie Rost dem Kupfer, Schmutz dem Körper.
Der Kupferarbeiter macht den Rost nicht, der Werk-
meister hat den Schmutz nicht hervor gebracht, noch
Gott das Uebel. Vielmehr macht die Fortdauer
der Schöpfung, daß dies gleichsam daraus hervor
sproßt, und darum hat auch Gott die Veränderung,
gleichsam zur Reinigung der Schöpfung, einge-
führt. *)

Ferner kann derselbe Mahler Himmel, Götter, Erde, Meer, Menschen, und alle unvernünftige
Thiere abbilden; und Gott sollte dies nicht hervorbringen können? Welcher Unsinn und Unverstand,

in

*) Aus stoischem Systeme entlehnt, nach welchem das Uebel
aus dem Guten selbst, als unzertrennliche Folge, her-
norquillt.

in Ansehung Gottes! Solche verfallen in die äußer=
ste Ungereimtheit.   Sie geben vor Gott dadurch zu
erheben, daß sie ihm nicht die Hervorbringung aller
Dinge zuschreiben, und kennen Gott nicht.   Außer
daß sie ihn verkennen, begehen sie auch noch die
größte Lästerung gegen ihn, indem sie ihm Stolz
und Ohnmacht zu Eigenschaften geben.   Denn
bringt er nicht alles hervor: so ist er entweder stolz,
oder ohnmächtig, welches gotteslästerlich ist.

Gott hat nur eine Eigenschaft, die Güte; wer
aber gütig ist, ist weder stolz, noch ohnmächtig.
Gott ist dies; denn Güte ist alle Macht, alles her=
vorzubringen.   Alles Entstandene aber ist durch
Gott entstanden, das ist, durch das Gute, und
den, der alles hervorbringen kann.   Schaue, wie
er es hervorbringt, wie alles entsteht, und willst du
es begreifen: so kannst du ein sehr schönes und ähn=
liches Bild davon sehen.   Betrachte einen Ackers=
mann, der Saamen in die Erde streut, hier Gerste,
dort Weizen, dort einen andern Saamen.   Be=
trachte ihn, wenn er den Weinstock pflanzt, einen
Apfelbaum, und andere Bäume.   So säet Gott
im Himmel Unsterblichkeit, auf Erden Veränderung;
im Universum Leben und Bewegung.   Dies sind
nicht viele, sondern wenige und leicht zu überzählen=
de Dinge.   Alles besteht in vier Wesen, Gott selbst,
und die Entstehung; durch sie besteht alles. *)

Fünf=

---

*) Hier ist wohl etwas ausgefallen.

Funfzehntes Hauptstück.

Hermes an den Tat; aus Johann von Stobäi Sammlung.

Alles auf Erden ist, weil nicht unveränderlich, nur Scheinwesen.

Von der Wahrheit zu reden, darf, mein Tat, der Mensch, dies mangelhafte, aus mangelhaften Theilen bestehende Thier, dessen Hülle *) aus manchen und verschiedenartigen Theilen zusammengesetzt ist, nicht wagen. Was ich sagen kann und darf, sage ich jetzt, daß die Wahrheit sich nur in den ewigen Körpern findet, **) als deren Körper auch selbst wahrhaftige Körper sind; dort ist das Feuer nur wesentliches Feuer, und nichts anders; die Erde wesentliche Erde, und nichts anders; die Luft wesentliche Luft. ***) Unsere Körper hingegen bestehen aus diesen allen, aus etwas Feuer, etwas Erde, etwas Wasser, und Luft,

---

*) σκηνος, so nennen auch Pythagoreer den Körper. (Timæus Locr. p. 564. ap. Gale Opuſc. Mythol.)

**) Die ewigen Körper sind die Gestirne; nach Pythag. Heraklit, Plato, ist unter dem Monde alles veränderlich, vergänglich, deswegen nicht wahrhaft existierend; also nur Scheinwesen, nichts Wahres. Dort oben hingegen, in den ewigen, unwandelbaren Gestirnen, und unter ihren Bewohnern, Thorheit, Wahrheit.

***) αυτοπυρ u. s. w. Eine zuerst vom Plato eingeführte, hernach auch vom Aristoteles angenommene Sprache. Beyde sprechen von αυτοον, αυτοανθρωπος, letzterer nennt es auch ὁπερ ον, das Wahre, Wesentliche, Reelle, im Gegensatze des Scheines. (Ariſtot. Phyſ. L. 3. und Themiſt. und Simplic. über dieſe Stelle.)

luft, ohne Feuer, oder Erde, oder Waſſer, oder
luft, oder irgend etwas Wahres zu ſeyn. Iſt nun
in unſerer Zuſammenſetzung *) durchaus nichts
Wahres, wie ſollten wir denn Wahrheit ſchauen,
oder reden können? **) Nur denken können wir ſie,
wenn Gott will. Alles alſo auf Erden, mein Tat,
iſt nicht Wahrheit, nur Nachbildung der Wahrheit.
Auch dies nicht einmal alles, ſondern nur etwas
weniges; alles übrige hingegen Falſchheit und Irr=
thum, und leere, Schattenbildern gleiche, Vor=
ſtellung. ***)

Bekommt aber unſere Denkkraft Einfluß von
oben: ſo bildet ſie die Wahrheit nach; ohne dieſe
Einwirkung von oben bleibt nichts, als Falſchheit
zurück: wie auch das Bild den abgemahlten Kör=
per darſtellt, aber ſelbſt in der Vorſtellung des an=
ſehenden kein Körper iſt. Man ſieht an ihm Au=
gen, aber es ſieht nicht; Ohren, aber es hört nicht;
auch alle übrige Gliedmaßen hat das Bild. Den=
noch iſt es falſch, und betrügt der Zuſchauer Augen,
weil ſie Wahrheit zu ſehen glauben, da doch alles
nichts, als Falſchheit iſt. Welche alſo keinen Irr=
thum ſehen, die ſehen Wahrheit; denken oder ſehen
wir folglich jedes, wie es iſt: ſo denken und ſehen
wir Wahrheit; wo nicht: ſe können wir nichts
Wahres weder denken, noch erkennen. —

Hermes Trismegiſt. J So

---

*) ϛαϭιϛ, beſſer wohl ϭυϛαϭιϛ.

**) δυναιντο, paßt nicht im Zuſammenhang; bequemer
δυνατον, oder δυναμεϑα.

***) Alles iſt Nachahmung der Wahrheit, weil alles nach
dem Vorbilde der Ideen, jener ewigen Urbilder aller
Wahrheit, und den intellektuellen Weſen höherer Wel=
ten gemacht iſt; wie Plato und ſeine neuern Nachfolger
lehren.

So giebt es denn, mein Vater, auf Erden
Wahrheit? — Dein Irrthum, mein Sohn, ist
nicht unüberlegt. Wahrheit ist zwar auf Erden
nirgends, denn dies ist unmöglich; daß aber einige
Menschen, denen Gott die Kraft, ihn zu schauen,
schenket, etwas von der Wahrheit denken, ist mög=
lich. *) Wahrheit selbst ist also nicht auf Erden
im Verstande und der Vernunft; alles ist Vorstel=
lung und Meynung im wahren Verstande und der
wahren Vernunft. Etwas Wahres denken und
sagen, muß man also nicht Wahrheit denken nen=
nen **) — Und wie denn? — Was wahrhaf=
tig existiert, muß man denken und nennen; auf Er=
den aber ist nichts Wahres — Ist denn das wahr,
daß

---

*) θεοπτικην δυναμιν Wie Mallebranche sagt, daß
wir alles in Gott sehen, so auch Plato, noch mehr seine
neuern Nachfolger. Jener, wer sich selbst kennen will,
muß denjenigen Theil der Seele betrachten, worin Weis=
heit und Verstand wohnt, also ihren göttlichen Theil,
also die Gottheit selbst; auf die Gottheit also und ihren
Glanz müssen wir stets blicken. (Plat. Alcibiad. L.
p. 419. Ficin.) Auch aus dem Grund, weil die Ideen,
aller Wahrheit Grundlage, und nur allein, wahrhafte
Wesen, im göttlichen Verstande wohnen. Diese; Got=
tes Anschauen, die Ekstase, ist aller Weisheit Gipfel.
(Plotin. Ennead. VI, IX, 9.) Von ihr spricht schon Pla=
to im Phädo, doch noch nicht mit allen Bildern und
Zusätzen seiner Nachfolger; die hieraus ihrer Philoso=
phie unterscheidenden Charakter machten.

**) Die Stelle mit vielen Dunkelheiten umwölkt, vielleicht
auch nicht ganz richtig. So viel sieht man, er sucht
durch eine Distinktion dem Einwurfe auszuweichen.
Wahrheit selbst ist auf Erden nicht, aber etwas Wahres
läßt sich doch erkennen. Ein neuerer Philosoph drückt
dies so aus: wir erkennen die unendliche Wahrheit end=
lich. (Hennings Philosophisch. Versuche. Th. L. S. 1.
u. s. w.)

daß man nichts Wahres weiß? — Wie könnte
wohl hier etwas Wahres seyn, mein Sohn? Wahr=
heit ist die höchste Vollkommenheit, das erhabenste
Gut, das nicht von der Materie befleckt, noch von
einem Körper umschlossen wird, rein, glänzend, un=
veränderlich, erhaben, unwandelbar, gut. Sollten
wohl irrdische Dinge, wie wir sie sehen, veränderlich,
zerstörbar, wandelbar, stets verändert, in steter Fol=
ge andere Gestalten annehmend, dies Gut fassen
können?

Was in Rücksicht auf sich nicht wahr ist, wie
kann es wahr seyn? *) Alles sich Verändernde ist
falsch, weil es nicht in einerley Zustande bleibt, son=
dern seine Gestalten abwechselt, und uns stets an=
dere zeigt. — So ist auch der Mensch nichts
Wahres, mein Vater? — Als Mensch nicht,
mein Sohn; weil wahr ist, was nur aus sich selbst
besteht, und wie es ist, stets bleibt. Der Mensch
aber besteht aus vielen Dingen, und bleibt nicht der=
selbe; er verändert und verwandelt sich von einem
Alter zum andern, von einer Gestalt in die andere,
und zwar, so lange er noch in der Hütte ist. Viele
haben, nach Verlauf einer kleinen Zwischenzeit, ihre
Kinder nicht erkannt, umgekehrt, auch Kinder die
Eltern nicht. Was sich so verändert, daß man es
nicht mehr kennt, wie kann das, o Tat, wahr seyn?
Ist nicht vielmehr, was in vielerley Gestalten er=
scheint, falsch? **) Du hingegen halte nur das
für wahr, was bleibt und gerecht ist; der Mensch
aber ist nicht immer; also auch nichts Wahres;

J 2   son=

---

*) ἃ μήτε πρὸς ἑαυτὰ ἀληθῆ ἐςι. Was sich ver=
ändert, ist gegen sich selbst nicht stets gleich; also auch
gegen sich selbst nicht wahr.

**) τουναντιου, nach dem Zusammenhange τουναντιον.

fondern nur Scheinwesen, *) und Scheinwesen sind
vollkommene Falschheiten. —

So sind aber auch die ewigen Körper, weil
sie sich verändern, nicht wahr? — Alles Verän=
derliche und Entstandene ist nicht wahrhaft; aber
bey seiner Entstehung kann es vom Urvater wahre
Materie empfangen haben. **) Doch hat auch dies
in der Veränderung etwas falsches, weil nichts, was
sich nicht selbst gleich bleibt, wahr ist. — Wahr=
haft, mein Vater? Was soll man also von der, sich
vorzüglich vor allen andern nicht verändernden, son=
dern sich gleich bleibenden Sonne sagen? — daß
sie Wahrheit ist. Daher ist auch ihr nur die Her=
vorbringung aller Wesen in der Welt anvertraut,
sie beherrscht alles, bildet alles. Sie verehre ich
auch, und bete ihre Wahrheit an, und erkenne sie,
nächst dem Einen und Ersten, für Schöpfer —

Was also nennst du denn die erste Wahrheit,
mein Vater? — Den Einen und Einzigen, o
Tat,

---

*) Φαντασια τις εςι. Blos Vorstellung? das nicht,
ein Idealist ist doch der Verf. nicht; also Scheinwesen,
doch nicht ohne alle Realität. Freylich wird das Wort
ungewöhnlich genommen, aber das ist so späten, und
noch dazu wahrscheinlich nicht Griechisch gebohrnen
Schriftstellern nichts ungewöhnliches.

**) υλην αληθη, das ist, nach dem oben gesagten, reine
unvermischte Elemente. Auch dies aus Griechenlands
älterer Philosophie; Ocellus von Lukanien, und Aristo=
teles erklären der Elemente Wandelbarkeit daher, daß
jedes Element mehr als eine Eigenschaft hat, und folg=
lich, so bald zwey von entgegengesetzten Eigenschaften
zusammen kommen, und eine die andere überwältigt:
so verwandelt eins das andere in sich. Ocell. Lucan. kp.
Gale Opusc. Mythol. p. 522, wo auch die Stellen aus dem
Aristot. angeführt stehen.) Wären sie also simpel, oh=
ne Zusammensetzung, sie würden unwandelbar seyn.

Tat, der nicht aus Materie besteht, der in keinem
Körper wohnt, der keine Farbe, keine Figur hat,
der unveränderlich, unwandelbar, und ewig ist.
Falschheit, mein Sohn, vergeht; die Wesen auf
Erden hat Verderben ergriffen, umschließt sie, und
wird sie durch der Wahrheit Vorsehung umschlies-
sen. *) Denn ohne Untergang kann keine Entstehung seyn; und auf jede Entstehung folgt Vergehung, damit wieder etwas entstehe, weil, was entsteht, aus dem vorhergehenden nothwendig entstehen; und das Entstehende vergehen muß, damit
die Entstehung nicht aufhöre. Zuerst also denke
dir bey der Entstehung den Schöpfer. **) Was
folglich aus Vergehung entsteht, ist nicht wahrhaft,
weil es bald so, bald anders wird, indem es unmöglich stets dasselbe wieder werden kann. Was
nun nicht dasselbe ist, wie kann das wahrhaft seyn?
Solche Dinge also muß man Scheinwesen nennen,
mein Sohn, und mit Recht können wir daher den
Menschen des Menschen-Wesens Schein; ***) das
Kind des Kindes-Wesens Schein; den Jüngling
des Jünglings Schein; den Alten des Alten Schein
heissen. Denn der Mensch ist nicht wahrer Mensch,
das Kind nicht wahres Kind, der Jüngling nicht
wahrer Jüngling, der Alte nicht wahrer Alter, der
Mann nicht wahrer Mann. Durch Veränderung

J 3 neh-

---

*) εμπεριεξει η του αληθους προνοια. Nicht passend,
wie wenn τη του? u. s. w.

**) Dies gehört nicht ins Raisonnement, und reißt den
Faden ab; also wahrscheinlich Randglosse.

***) ει γε ορθως προσαγορευομεν, giebt keinen Zu-
sammenhang; wie wenn και ορθως γε προσαγο-
ρευοιμεν?

nehmen sie falschen Schein, so wohl vom vorher=
gehendem, als wirklich entstandenem, an. *) Dies
also, mein Sohn, stelle dir so vor, daß auch diese
falschen Wirkungen oben aus der Wahrheit selbst
entspringen; und demnach behaupte ich, daß Schein
der Wahrheit Wirkung ist.

Hermes an Tat.

Gott ist unbegreiflich.

Gott sich vorzustellen, ist schwer; ihn zu beschrei=
ben, unmöglich. Denn Unkörperliches kann
durch Körper nicht ausgedrückt; das Vollkommene
durch das Unvollkommene nicht begriffen, das
Ewige mit dem Vorübergehenden nicht verbunden
werden. Jenes ist stets, dies geht vorüber; jenes
ist wahrhaftig, dies wird vom Scheine verdunkelt;
und das Schwächere ist vom Stärkern; das Ge=
ringere vom Bessern eben so sehr abstechend, als das
Sterbliche vom Göttlichen. Ihre Entfernung von
einander verdunkelt den Anblick des Schönen.
Durch Augen ist das Körperliche sichtbar; durch
die Zunge das Sichtbare nennbar; das Unkörper=
liche aber, Unsichtbare, Gestaltlose, und nicht aus
Materie Bestehende, kann von unsern Sinnen nicht
gefaßt werden. Ich begreife, mein Tat, ich begrei=
fe, was ich nicht aussprechen kann, dies ist Gott.

Aus

*) Weil der Mensch nach der Idee des Menschen gemacht,
und jene Idee im göttlichen Verstande eigentlich wahre
Substanz ist. Dieser Schein ist aus dem Vergangenem
und Gegenwärtigem zusammengesetzt, weil nach Hera=
klit, und herach auch Plato, alles in stetem schnel=
lem Flusse, folglich das Gegenwärtige vom Vergange=
nem nie genau geschieden, folglich aus Vergangenem
und Gegenwärtigem gemischt ist.

Aus Hermes.

Jetzt muß ich vom Tode reden. Den großen Haufen erschreckt der Tod, als das größte Uebel, weil sie ihn nicht kennen. Der Tod ist des kranken Körpers Auflösung. Ist die Zahl der körperlichen Bande voll: (denn des Körpers Zusammenhang ist eine Zahl) so stirbt der Körper, wenn er den Menschen nicht mehr fassen kann. *) Und dies ist der Tod, Auflösung des Körpers, und Aufhebung körperlicher Empfindung.

Sechzehntes Hauptstück.

Aeskulaps Definitionen an den König Ammon.

Von Gott, der Materie, dem Fatum, der Sonne, dem intellektuellen Wesen, dem göttlichen Wesen, dem Menschen, der vollständigen sieben Planeten Einrichtung, dem nachgebildeten Menschen.

Ich schicke dir, o König, eine wichtige Abhandlung, aller andern Krone so zu sagen, und mein Denkmahl; nicht nach der gemeinen Meynung geschrieben, vielmehr ihr in vielen Stücken widersprechend; ja die auch dir einigen meiner Behauptungen widersprechend scheinen wird. Hermes nemlich, mein Lehrer, der oft, theils mit mir allein, theils auch in Tats Gegenwart geredet hat, sagte, daß die Leser meiner Schriften sie sehr simpel und deutlich finden würden; wären sie hingegen dunkel, und voll verborgenen Sinnes: so würden die Griechen,

J 4

*) Für mich zu mystisch.

chen, wollten sie auch, sie nicht in ihre Sprache über=
sehen können, als welches die grüßte Verdrehung
und Unverständlichkeit des Inhalts hervorbringen
würde. *) Was ich in meiner Muttersprache aus=
drücke, hat einen deutlichen Verstand, denn auch
selbst der Sprache Beschaffenheit, und der Aegy=
ptischen Worte Kraft, macht den Gedanken hell. **)
So viel dir also möglich ist, o König, du kannst
aber alles, verwahre diese Abhandlung für Ueberse=
tzung, damit solche Geheimnisse nicht zu den Grie=
chen kommen, und der Griechen stolze, und nerven=
lose, gleichsam geschminkte Sprache, meines Aus=
drucks Pracht und Kraft, und der Worte Nachdruck,
nicht verscheuche. Denn die Griechen, mein Kö=
nig, haben leere, ***) prahlerische Geschwätze, und
der Griechen Philosophie ist nichts, als Wortge=
llingel. Wir hingegen haben keine Worte, sondern
mit Sachen erfüllte Töne. ****)

Ich will aber meine Rede mit einer Anrufung
Gottes, des Allherrschers, Schöpfers, Vaters, Be=
schirmers, mit dem Einen, der Alles, und dem All,
das Einer ist, anheben. Denn aller Dinge Fülle
ist Eins, und in Einem, nicht so, daß das Eins den
zweyten Platz einnimmt; sondern daß beyde Eins
sind. *****) Diesen Gedanken, o König, suche bey

Ich

*) Der Text hat hier keinen Zusammenhang; ich habe,
ihm den zu geben, gesucht, welchen er mir, der Ver=
bindung nach, schien haben zu müssen.

**) Vermuthlich eingeschlichene Randglosse.

***) καινους λογους, Flussas κενους mit Recht.

****) μεγισας, Flussas μεγιςαις, noch dunkel, ich ver=
muthe μεσαις.

*****) αμφωτερων ενος οντος, giebt keinen Sinn, besser
αμφοτερα, oder αμφοτερων εν οντων. Den dunkeln

dieser ganzen Abhandlung dir gegenwärtig zu erhal=
ten. Denn unternimmt jemand, das Universum, wel=
ches Eins und Dasselbe scheint, von Eins zu tren=
nen, und versteht Er des Universums Nahmen von
einer Mehrheit, nicht aber von einer Fülle, welches
unmöglich ist: so vernichtet er durch dessen Trennung
vom Eins das Universum. Alles nemlich muß Eins
seyn, wenn anders das Eins existiert; nun aber exi=
stiert es, und nie hört alles auf Eins zu seyn, damit
die Fülle nicht vernichtet werde. *) Auf der Erde
sieht man viele Wasser= und Feuer=Quellen in den
mittelsten Gegenden hervorkommen, und die drey
Wesen, Feuer, Wasser und Erde, aus einer Quelle
entspringen. Daher folgt auch, daß es ein gemein=
schaftliches Materien=Magazin giebt; welches ih=
ren Vorrath liefert, aber von oben sein Daseyn er=
hält. Denn so regiert der Schöpfer, ich meyne
die Sonne, die Erde, Substanz bringt sie herun=
ter, Materie zieht sie hinauf, um und in sich ver=

J 5

samm=

Satz wüßte ich nicht anders zu verstehen, als so: vor
Platos Zeiten unterschieden die Philosophen Dyas und
Monas so: erstere ist die entgegengesetzten, die Materie
formenden Beschaffenheiten, also allgemeine Ursache;
letztere die unförmliche Materie; die also erst auf die
Dyas der Würde nach folgt. Plato hingegen, und
Philosophen um diese Zeit kehrten es um, und sagten:
die Monas hat höhern Rang, sie ist allgemeine Ursache.
(Aristot. Phys. I, 4.) Falsch, sagt dieser Verfasser; bey=
de Wesen sind wesentlich eins, ein Universum, eine über=
all befindliche Gottheit.

*) Dunkel genug bewiesen: deutlicher; wäre das Uni=
niversum nicht eine Substanz: so würde es kein genau
verknüpftes Ganze mehr seyn, (πληρωμα) also nicht
alles Existierende, also nicht Universum. Ein von allen
Alten, die eine Weltseele glaubten, behaupteter Satz!

sammlet sie alles, und aus sich giebt sie alles, und schenkt allen reichliches Licht. *)

Sie ist es, deren gute Kräfte nicht nur im Himmel und der Luft, sondern auch auf Erden in den tiefsten Abgrund dringen. Und giebt es eine intellektuelle Substanz: so ist sie der Sonne Masse, und der Sonne Licht ihr Behältniß. **) Woher aber diese entsteht und zufließt, weiß nur die Sonne allein, da sie dem Orte und der Natur nach sich selbst nahe ist, von uns aber nicht gesehen, nur durch erzwungene Muthmaßungen vorgestellt wird. ***) Ihr Anschauen hingegen ist keine Muthmassung, sondern ihr Blick erleuchtet die ganze sie umgebende Welt. Denn sie wohnt in der Mitten, als Regiererin der Welt, und gleich einem guten Wagenregierer sorgt sie für Festigkeit des Wagens der Welt, und befestigt ihn an sich, damit er nicht unordentlich laufe. Ihre Zügel sind Leben, Seele, Hauch, Unsterblichkeit und Entstehung. Sie läßt die Welt sich bewegen nicht fern von sich, sondern, wenn ich die Wahrheit sagen soll, mit sich. ****)

Auf

*) Gleichfalls dunkel: versteht man unter ουσια geformte Substanz, wie der Gegensatz ὑλη zu wollen scheint, so hat man Licht. Der Sinn: formlose Materie zieht die Sonne an sich, verarbeitet sie, und schickt sie, durch Wärme und Licht geformt, wieder herunter. So lehrten auch schon mehrere Alte, die Sonne nähre sich von der Erde Ausdünstungen, sey der höchsten Gottheit Sitz, und unsers Planeten Regiererin.

**) Intellektuelle Substanz steht der groben fühlbaren Materie entgegen; aus ihr also besteht die Sonne; und der Sonne Licht ist derselben Vehikel.

***) νοες, hängt nicht recht zusammen, wie wenn νοεσται;

****) Ein ähnliches Bild gebraucht auch Plato; (Phædr. p. 1221. sqq. Ficin.)

Auf folgende Art bringt ſie alles hervor; dem unſterblichen Weſen theilt ſie ewige Dauer aus; nach dem obern Licht-Kreiſe ſchickt ſie Ausflüſſe aus dem Theile, der gegen den Himmel gekehrt iſt, und erhält dadurch die unvergänglichen Theile der Welt, *) mit dem in die Welt eingeſchloſſenen und ſie erleuchtenden aber belebt ſie des Waſſers, der Erde und der Luft unermeßlichen Raum, und bewegt ſie zu Entſtehungen und Veränderungen. Die Thiere in dieſen Theilen der Welt ſchaft ſie, gleich einer Haarlocke, um und verwandelt ſie in andere Gattungen und Geſchlechter, **) ſo, daß die Verwandlungen in einander ſich entſprechen, wie auch bey den groſſen Körpern.

Jedes Körpers Dauer iſt Veränderung, des unſterblichen unzerſtörbare, des vergänglichen trennbare. Dies iſt auch der Unterſchied des Unvergänglichen vom Vergänglichen, und des Vergänglichen vom Unvergänglichen. Wie aber ihr Licht aneinanderhängend iſt, ſo auch ihre Hervorbringung des Lebens aneinanderhängend, und dem Orte und der Austheilung nach unzertrennlich. Um ſie ſind viele Chöre von Dämonen, und deren Geſellen groſſen Armeen gleich, nicht fern von den Unſterblichen. ***)

Von

*) Der Text hat keinen Zuſammenhang; ich vermuthe: και τη ανω περιφερεια του Φωτος εαυτου αναπεμπει, εκ του θατερου μερους του προς ουρανον βλεποντος, τα αθανατα του κοσμου μερη τρεφων.

**) ελικος τροπον, Fluſſas cochleæ more, ſcheint nicht paſſend. Das folgende gleichfalls dunkel, aus Verdorbenheit des Textes Zweifelsohne.

***) Dahin verſetzt auch Ocellus aus Lukanien die Dämonen; im Himmel wohnen die Götter, auf Erden die

Von hieraus führen sie, wenn das Loos sie trifft, die Aufsicht über die Menschen; der Götter Befehl führen sie durch Stürme, Wirbelwinde, Blitze, Verwandelungen des Feuers, und Erdbeben aus; ferner arbeiten sie der Gottlosigkeit durch Hunger und Krieg entgegen; denn dies ist der Menschen größtes Verbrechen gegen die Götter. Der Götter Geschäft ist Wohlthun, der Menschen, fromm seyn, und der Dämonen, strafen. Alles, was die Menschen aus Irrthum, Unbesonnenheit, oder Nothwendigkeit, welche sie Schicksal nennen, begehen, wird von den Göttern verziehen; nur Gottlosigkeit ist der Strafe unterworfen.

Aller Geschlechte Erhalterin und Ernährerin ist die Sonne. Und wie die Intellektual-Welt, die sinnliche umschließend, sie mit mancherley und verschiedenartigen Formen füllt: so vollendet und befestigt auch die Sonne, alles in der Welt umfassend, alles, was entsteht; was abgenutzt und hinfällig ist, nimmt sie auf. Unter ihr steht der Dämonen Chor, oder vielmehr Chöre; denn ihrer sind viele und mannichfaltige; der Gestirne Zwischenräumen einverleibet, und jedem von ihnen an Zahl gleich. *)

Jedem

Menschen, in der mittlern Höhe die Dämonen. (ap. Gale Opusc. Mythol. p. 529.)

*) So ohngefehr beschreibt auch Plato der Dämonen Verrichtungen. (Conviv. p. 1194.) Daß jedes Gestirn mehrere Dämonen hat, ist Neu-Platonischer Zusatz; wie auch, daß die Intellektual-Welt über die sinnliche ist. Doch hat schon Plato den Saamen dazu ausgestreut: ehe die Seele in die Welt kam, wohnte sie an einem reinen ätherischen Orte, wo sie Wissenschaft, Tugend, und das wahrhafte Wesen sah. (Plat. Phædr. p. 1222.) Dies also ist über unsere Welt, und die Intellektual-Welt. In Indien glaubt man auch in jedem Planeten

Jedem Sterne also leisten sie den verordneten Dienst, sie sind von Natur, das ist, nach ihren Kräften, gut und böse; denn eines Dämons Wesen ist Kraft. Einige von ihnen sind auch aus Gutem und Bösem gemischt, und diese alle haben die Macht über irrdische Dinge und über die Vermitrungen auf Erden bekommen; sie verursachen mancherley Unruhen, so wohl Städten und Nationen, als auch Privat-Personen. Denn sie bilden unsere Seelen, und richten sie auf sich, sitzend in unsern Selnen, Marke, Blut- und Schlag-Adern, ja selbst im Gehirne, und bis in die Eingeweide bringend.

Jeden von uns, so bald er gebohren und beseelt ist, nehmen Dämonen unter ihre Aufsicht, die über unsere Geburt gesetzt, und jedem Sterne vorgesetzt sind. *) Diese verwandeln sich in einem Augenblicke, weil sie nicht stets dieselben bleiben, sondern Abwechselungen unterworfen sind. Diese nun schleichen sich durch den Körper in die zween Theile der Seele, und lenken sie jeder zu seiner eigenen Kraft. **) Der Seele vernünftiger Theil hingegen

Dämonen, und dieser Dämonen Einfuß in menschliche Begebenheiten. (S. Hißmanns Magazin am angeführten Orte.)

*) Daß die Sternen-Dämonen auf unser Leben Einfluß haben, giebt schon Plato zu verstehen. (Phædr. p. 1224.) Die neuern Platoniker haben auf diesem Grunde weiter gebaut.

**) Die zwey Seelen-Kräfte sind θυμος und επιθυμια, Begierden und Affekten, denn die Vernunft ist, wie gleich folgt, der Dämonen Einflusse nicht unterworfen. Diese beyden Theile nemlich sind, nach Plotin, Ausflüsse der Welt-Seele, eben dadurch dem Fato interworfen, und eben so viele besondere Dämonen, je nachdem man einem die Oberherrschaft gewinnen läßt. (Plotin. Ennead. H, III, 9. III. IV, 3.)

gegen bleibt von den Dämonen unbeherrscht, zur Aufnahme Gottes geschickt. Dieser Vernunft also leuchtet ein Strahl durch die Sonne. Ihrer sind wenige, und durch sie werden die Dämonen entkräftet, *) denn keiner, er sey Gott, oder Dämon, vermag das Geringste gegen einen Strahl dieses Gottes.

Alle übrige aber werden, so wohl dem Körper, als dem Geiste nach, von den Dämonen regiert und gerieben, sie lieben ihre Kräfte, denn Vernunft ist keine irrende und irre führende Liebe. **) Die Dämonen folglich regieren alle Dinge auf Erden, und zwar durch unsere Körper als Werkzeuge. Diese Regierung nennt Hermes Schicksal. Die Intellektual-Welt folglich hängt von Gott, die sinnliche aber von der intellektuellen ab; und die Sonne leitet durch intellektuelle und sinnliche Welt den Einfluß von Gott, das ist, vom Guten, das ist, von der Wirkung.

Um die Sonne befinden sich die acht von ihr abhängenden Kreise, der neinlich der Firsterne, die sechse der Planeten, und der irrdische Kreis. Von diesen Kreisen hangen die Dämonen ab, und von den Dämonen die Menschen; sie aber alle, und alles von Gott. Gott folglich ist aller Vater; die Sonne, der Schöpfer; die Welt der Schöpfung Werkzeug. Den Himmel regiert die intellektuelle

Sub=

---

*) Der Text ist hier eben nicht der zusammenhängendste.

**) Auch dies nicht zusammenhängend. Daß die Liebe, ερως, Dämonen erzeugt, und uns damit versieht, lehrt Plotin nach seiner Art sehr räthselhaft. (Ennead. III, V, 4.)

Subſtanz, *) der Himmel die Götter, die den Göt=
tern untergeordnete Dämonen die Menſchen. Dies
iſt der Götter und der Dämonen Heer. Gott macht
ſie durch ſie für ſich; alle ſind Gottes Theile; wenn
aber alles Theile: ſo iſt Gott alles. Folglich alles
ſchaffend, ſchaft er ſich ſelbſt; und kann hierin nicht
aufhören, weil er unermüdet iſt. Und wie Gott
kein Ende hat, ſo auch hat ſein Werk weder An=
fang noch Ende.

Auch von Körpern giebt es unkörperliche We=
ſen, wenn du, mein König, es beachteſt. — Und
welche, erwiederte der König? — Hältſt du nicht
die in den Spiegeln erſcheinende Körper für unkör=
perlich? — Richtig, mein Tat; du denkſt gött=
lich, antwortete der König — Es giebt aber noch
andere unkörperliche Dinge, zum Beyſpiel die Ide=
en. Glaubſt du nicht, daß dieſe, obgleich unkör=
lich, doch im Körper ſichtbar werden? — Gut
geſagt, o Tat — So alſo giebt es Reflexionen
der unkörperlichen Weſen auf die Körper, und um=
gekehrt, der Körper auf die unkörperlichen Weſen,
das iſt, der ſinnlichen Welt auf die intellektuelle,
und der intellektuellen auf die ſinnliche. Bete alſo,
o König, die Bildſäulen an, weil auch ſie aus der
ſinnlichen Welt Ideen haben — Im Aufſtehen
ſagte der König: iſt es nicht Zeit, für die Fremden
zu ſorgen? Morgen wollen wir von theologiſchen
Dingen weiter reden.

Aes=

*) Intellektuelle Subſtanz iſt den Alten der empfindbaren
entgegengeſetzt; und daher in verſchiedenen Schulen ver=
ſchieden. Plato und ſeinen Nachfolgern iſt ſie das Gute,
das Wahre, das Schöne, kurz, die Gottheit und ihre
Ideen.

Aeskulap über die der Seele von den körper= lichen Modifikationen in den Weg ge= legten Hindernisse.

Wenn Musikern, die des hinreissenden Gesanges Harmonien ankündigen, bey der Ausfüh= rung, der Instrumente Misklang im Wege steht: so wird das Unternehmen ausgelacht, denn nothwen= dig muß der Musiker von seinen Hörern verlacht werden, wenn seine Instrumente zum Gebrauche untüchtig sich finden. Er zeigt zwar mit Recht, daß die Kunst unschuldig, nur die Instrumente schlecht sind. So ist auch der von Natur musikalische Gott, der nicht nur des Gesanges Harmonie hervorbringt, sondern auch seines Gesanges Rhythmus über die einzelnen Instrumente verbreitet, dieser Gott, sage ich, ist an sich unermüdet, und nicht zu schwach, denn Ermüdung und Schwachheit kommt Göttern nicht zu. Wenn aber, auf den Willen des Künst= lers, sich vorzüglich in der Musik zu zeigen, so, daß bald Trompeten ihre Kunst hören lassen, bald Flöten sanften Gesang hervorbringen, und lauten ertönen; (dies alles nicht erfolgt *): so giebt Niemand dem Athem des Musikers, dem Bessern, die Schuld; sondern ihm die gebührende Ehre, hingegen dem schlechten Instrumente die Schuld, daß es den herr= lichsten Dingen im Wege stand, dem Musiker den Gesang, und den Zuhörern die schönen Töne raub= te. So wird auch nicht leicht ein Zuschauer unser Geschlecht, wegen unserer körperlichen Schwachheit, mit Recht beschuldigen können.

Viel=

*) Dieser Satz, zum Verstande nöthig, scheint aus dem Texte verloschen zu seyn.

Vielmehr wisse er, daß unser Geist unermüdet, und Gott ist, daß er seine eigenthümliche Wissenschaft stets gleich besitzt, daß er unaufhörlich dieselben Glückseeligkeiten und Wohlthaten genießt. Hat auch immerhin dem Künstler Phidias die Materie nicht zum vollkommenen Kunstwerke folgsam seyn wollen: so war doch der Musiker selbst dazu im Stande, so, daß wir ihm die Schuld nicht beymessen dürfen. Vielmehr müssen wir die Saite tadeln, daß sie durch zu große Schwäche oder Stärke des Tons die Harmonie vernichtete; Niemand kann, wegen dieses Zufalls am Instrumente, den Musiker tadeln. Vielmehr erscheint er um so viel größer, je mehr das Instrument unbrauchbar ist; wird ein Ton oft wiederholt, so empfinden die Zuhörer ein desto größeres Verlangen, und können doch dem Musiker nichts zur Last legen.

Auch ihr also, geehrteste Zuhörer, stimmt dem in euch wohnenden Musiker seine eigene Leyer. — Aber ich sehe einen Künstler, der, ohne seine Leyer vorher zu gebrauchen, wenn er zur Ausführung eines großen Stückes geht, als einer, der dasselbe Instrument oft gebraucht hat, den Mangel einer Saite auf eine geheimnißreiche Art ersetzt, damit die Zuhörer diesen Fehler für Bewußtseyn der Größe haltend, desto mehr erstaunen. *) Man sagt auch, daß einem Leyermann, dem der Gott der Musik wohl wollte, und ihn bey einem Wettstreite eine gesprungene Saite hinderte, die Gunst dieses Gottes den Mangel ersetzte, und Ruhm verschafte. Denn statt der Saite setzte sich eine Grasmücke auf die Leyer, füllte den Gesang aus, und gab der Saite Ton an. Der

Hermes Trismegist.   K   Künst-

*) In den dunkeln und verborbenen Text habe ich so viel Sinn, als es der Zusammenhang zuließ, zu legen gesucht.

Künstler, durch diese Ersetzung der Gäste vom
Kummer erlöst, erhielt den Preis.

Eben dies fühle ich auch, meine geehrtesten,
mir wiederfahren, eben habe ich meine Schwachheit
gestanden, und noch vor kurzem, daß ich unfähig
bin, und nur, wenn mein Gesang vom Könige durch
eine höhere Kraft ausgefüllt wird, singe. Also sey
auch Preis der Könige, der höchste Nutzen, und ihre
Siegeszeichen, meiner Rede Antrieb. Wohlan, ich
will anfangen, denn dies ist des Musikers Wille;
wohlan, ich will eilen, denn dies ist des Musikers
Verlangen; dazu hat er die Leyer gestimmt, er wird
reizender singen, und angenehmer musicieren, je
größer seines Gesanges Vorwurf ist.

Weil nun zu Königen die Leyer vorzüglich gestimmt ist, und der Lobreden Ton giebt, weil ihr
Zweck königliches Lob ist, und zwar zuerst er der oberste Beherrscher des Universums, der gütige Gott,
dem nach der Reihe von oben, die nach seinem Bilde den Zepter tragen (auch selbst den Königen ist
angenehm, von oben stufenweise im Gesange herab-
zusteigen, und ihre Hofnungen dahin zu lenken, wo
ihnen der Sieg herquillt): so nahe also der Musiker
sich zum höchsten Könige, dem Gotte des Alls, der
unsterblich, ewig, und mit ewiger Stärke ausgerüstet ist, dem Sieger, von dem alle Siege herab
kommen. Meine Rede eilt zum Preise, zu den Königen, Gebern allgemeiner Sicherheit und des Friedens, die von je her ihre Macht vom obersten Gotte bekommen haben, denen der Sieg von seiner Rechten ertheilt wird, denen Sieges = Belohnungen noch
vor der Schlacht, und Siegeszeichen noch vor dem
Gefechte bestimmt sind, denen nicht nur Herrschaft,
sondern auch Vorzug zugetheilt ist, für welche, noch
ehe sie sich bewegen, die Barbaren erschrecken.

Aes-

Aeskulap vom Preise des Höchsten und Lob des Königes.

Meine Rede eilt zu ihrem Ziele, und zum Preise des Höchsten, und von da zuletzt zum Lobe der göttlichsten Könige, die uns Frieden verschaffen. Wie ich vom Höchsten, und der Macht dort oben angefangen habe, so werde ich das Ende eben dahin wieder zurücklenken. Und wie die Sonne, aller Gewächse Ernährerin, selbst der Gewächse Erstlinge genießt, durch ihre Strahlen, wie durch lange Hände, die Früchte abmähend; (denn ihre Hände, die Strahlen, ziehen aus den Früchten den feinsten Duft zuerst): so will auch ich, von dem Höchsten ausgehend, nach Empfang des Ausflusses seiner Weisheit, und ihrer Anwendung zu den überirrdischen Pflanzen meiner Seele, mich wieder zu demselben Preise wenden, wozu er mir das Kraut genetzt hat.

Gott, dem unvermischten, und Vater unserer Seelen, müssen zahllose Mäuler und Stimmen Preis darbringen, auch wenn sie es nicht nach Würden vermögen, weil ihre Stimme dazu zu schwach ist. Denn sie, die erst neulich Gebohrnen, können den Vater nicht, wie er verdient, preisen; verrichten sie nun, was sie vermögen, gehörig, so gebraucht er gegen sie Nachsicht. Ja das ist schon Preis Gottes, daß er über seine Geschöpfe erhaben, und aller Lobgesänge Anfang, Mittel und Ende ist, Geständniß, daß der Vater zahllose Kräfte, und unendliche Grösse hat. So sind auch seine Eigenschaften als Herrscher. Von Natur haben wir Menschen, als seine Kinder, Neigung zum Preise; Nachsicht aber, ob wir sie gleich vor dem Gebete vom Vater schon erlangen, müssen wir doch bitten. Denn wie ein Vater neugebohrne Kinder nicht wegen ihrer Ohnmacht verwirft, sondern sich freut, daß sie ihn erkennen, so freut sich auch Er über unsere Erkenntniß des Alls, welche allen Leben ertheilt, und über den Preis Got= tes, den er uns geschenkt hat. Weil Gott gütig ist, und stets seine Herrlichkeit in sich hat; weil er un= sterblich ist, und stets aus jener Kraft in diese Welt Ausflüsse zum Preise der Erhaltung sendet: so haben dort die Wesen keine Veränderung, und dort ist keine Verschiedenheit, sondern alle denken richtig. Alle haben eine Erkenntniß, einen Verstand, den Vater; eine dadurch hervorgebrachte Empfindung, einander zu lieben, eine Liebe bringt aller Harmonie hervor. So also wollen wir Gott preisen.

Doch laßt uns auch zu denen herabsteigen, die von ihm die Zepter empfangen haben. Denn bey Königen muß man anfangen, bey ihnen sich üben, um sich zum Lobe zu gewöhnen, und zum Preise der Ehrfurcht gegen den Höchsten. Hier muß man sich zuerst im Lobe üben, sich hierdurch in der Uebung stärken, um dadurch auch zur Uebung der Ehrfurcht gegen Gott und des Preises der Könige zu gelangen. Auch ihnen muß man den Dank für des Friedens Wonne bringen. Des Königes Vollkommenheit und bloßer Name schaft Frieden, denn König heist er deswegen, daß er über Reiche und Hoheit erhaben, und über Frieden Herr ist. Auch daß er über das barbarische Reich erhaben ist, so, daß auch sein Name des Friedens Zeichen ist. Denn oft hat auch des Königs bloßer Name den Feind zurückgehalten, ja auch seine Bildsäulen sind den von des Unglücks Stürmen überfallenen, des Friedes Haafen. Auch hat die bloße Erscheinung, vom Bilde des Königes, Sieg gebracht, und seine Unterthanen für Furcht und Wunden gesichert.

Druckfehler.

S. 2 Z. 1 das Ding, l. die Dinge.　S. 2 Note ***) Z. 2 σκωτος, l. σκοτος.　S. 4 Z. 11 hat, l. hört.　S. 5 Note *) Z. 5 Wesen, l. Welten.　S. 6 Note *), Z. 1 Φιλα, l. Ψιλα.　S. 9 Note **) Z. 19 Timalus, l. Timaeus.　S. 19 Note ***) Z 8. andern, l. andere.　S. 16 Z. 12 so, l. sie.　S. 20 Z. 17 Irrwege, l. Irrwegen.　S. 21 Z. 14 angehäuft, l. aus gehaucht.　S. 30 Z. 11 empfinden, l. erfinden.　S. 30 Note *) Z. 22 possim. l. passim.　S. 34 Note *) Z. 12 hier orthodox, l. hier nicht orthodox.　S. 38 Z. 1 Sohn, Tat Becher, l. Sohn Tat, Becher.　S. 39 Z. 3 schenkte er dem — l. sandte er den —　S. 44 Z. 5 allein, l. allen.　S. 50 Note ***) Z. 1 ΧΡΕΙΤΤΩΝ, l. κρειττων.　S. 51 Z. 22 Art, l. Ort.